Manfred Grösche

Zur Bedeutung der Psychoanalyse für die Pädagogik

Exemplarische Zugänge zur Psychoanalytischen Pädagogik oder besser: psychoanalytisch orientierten Pädagogik

Die Deutsche Bibliothek - CIP-Einheitsaufnahme

Grösche, Manfred:
Zur Bedeutung der Psychoanalyse für die Pädagogik -
Exemplarische Zugänge zur Psychoanlytischen Pädagogik
oder besser psychoanalytisch orientierten Pädagogik /
Manfred Grösche. - Ammersbek bei Hamburg: Verl. an der
Lottbek Jensen 1994
ISBN 3-86130-031-1

© Verlag an der Lottbek; 1994
Ammersbek bei Hamburg
ISBN 3-86130-031-1
Druck:Rosch-Buch, Hallstadt
Umschlagentwurf: Peter Jensen

Inhalt

1   Einführung in den Problemkreis

1.1   Problemskizze

Mit dem theoretischen Teil dieser Arbeit mehr oder weniger eng verbunden
wäre offenbar eine Abhandlung über die Legitimation und die Systematik
psychoanalytischer Pädagogik; denn darin geht es ja zugleich auch um die
Frage nach der Möglichkeit einer legitimen Integration der Psychoanalyse
bzw. psychoanalytischer Sichtweisen[1] in den pädagogischen Prozeß. Mit anderen Worten: In einer Beschreibung und Analyse der Praxis insbesondere
psychoanalytischer bzw. psychoanalytisch orientierter Pädagogik kommt die
praktische Bedeutung der Psychoanalyse für die Pädagogik zum Ausdruck.
Das bedeutet: das hier zu behandelnde Rahmenthema heißt "Psychoanalytische
Pädagogik"[2]; und die spezifische Formulierung des Themas dieser Arbeit

---

[1]   Die pädagogische Bedeutung der Psychoanalyse soll hier nicht abgehandelt werden
anhand spezieller Menschenbilder der Psychoanalye, wie z.b. "das Kind als kleiner
Wilder oder als Triebbündel" etc. Zwar werden möglicherweise an entsprechenden
Stellen im Kontext derartige Menschenbilder mit angesprochen werden, aber gemeint ist
mit "psychoanalytischen Sichtweisen" lediglich, daß es hier um ein undogmatisches
psychoanalytisches Denken gehe. (Würde man von mir eine Festlegung auf eine
anzuerkennende psychoanalytische Sichtweise verlangen, so wäre es die des "Kindes als
Subjekt mit eigenem Willen" und weniger die des "Kindes als Triebwesen" oder gar als
"Prägeprodukt seiner Umwelt".) Es geht um eine Auffassung von Psychoanalyse, die
ihren Blick nicht bloß dogmatisch verengt an wissenschaftliche "Objektivitäten" (z.B.
ödipale Triangulierung) heftet, sondern die einerseits offen ist für subjektive, höchstper-
sönliche Beobachtungsergebnisse, und andererseits aber sich doch auf ein "Objektives"
bezieht, eine Basis-Identifikation mit *Freud* und seiner Lehre vornimmt, um noch der
Bezeichnung "Psychoanalyse" überhaupt gerecht zu werden (vgl. *Bittner* 1989, 8).
Das heißt eine so verstandene Psychoanalyse wird sich nicht einer strengen *Freud*schen
Observanz unterordnen, sondern die Problemdefinitionen und auch gewisse Abweichungen vom klassischen psychoanalytischen Paradigma anderer Gruppierungen bzw.
auch gewisse psychoanalytische Weiterentwicklungen neuerer Psychoanalyse mög-
licherweise miteinbeziehen. Dies trifft auch zu für die in dieser Arbeit behandelten
psychoanalytisch-pädagogischen Konzepte von *Aichhorn* und *Zulliger*. So sei an dieser
Stelle nur kurz angedeutet, daß *Aichhorn* das klassische Muster einer Auffassung des
Therapeuten als tabula rasa für sich als psychoanalytischer Pädagoge ignorierte und
Zulliger ein eigenes Konzept einer deutungsfreien Kinderpsychotherapie propagierte.

[2]   Ich habe im Text meiner Abhandlung das Attribut des Begriffes "Psychoanalytische
Pädagogik" an einigen Stellen "groß" und an anderen "klein" geschrieben. Und zwar
immer dann, wenn es sich entweder um die historische Psychoanalytische Pädagogik
oder um die an betreffender Stelle im Text vom jeweiligen zitierten Autor vertretene
Auffassung von Psychoanalyse als Grundlagenwissenschaft der Pädagogik bzw. einer
Psychoanalytischen Pädagogik, die auf der Grundlage der Psychoanalyse noch zu kon-
zipieren sei, handelte, habe ich das Beiwort "Psychoanalytisch" groß geschrieben. In
allen anderen Fällen habe ich es "klein" geschrieben, da eine "psychoanalytische

gebietet quasi bestimmte Akzente zu setzen und Einschränkungen vorzunehmen. Dabei dürfte die immer noch aktuelle und strittige Frage, ob es eine psychoanalytische Pädagogik gibt, geben könne oder nicht, bezüglich ihrer Beantwortung korrespondieren mit dem Ausmaß der Bedeutung, das die Psychoanalyse heute für die pädagogische Praxis aufweist oder in der Zukunft erlangen könnte.

So behauptet z.B. *M. Heitger* (1984), daß zwischen Pädagogik und psychoanalytischer Therapie insofern streng zu unterscheiden sei, als Psychoanalytiker - im Unterschied zu Pädagogen - ein manipulierendes, strategisch geleitetes, fremdverfügendes Handeln verfolgten. Dagegen steht bemerkenswerterweise die quasi diametral entgegengesetzte Auffassung *Körner*s (1980), für den pädagogisches Handeln als zielgerichtet-instrumentell zu begreifen sei, aber Psychoanalyse dagegen, in Übereinstimmung mit ihrem Selbstverständnis, *bloß* Aufklärung und Selbstreflektion intendiere und deshalb keinesfalls zur Konzeption einer "psychoanalytischen Pädagogik" tauge (vgl. *Datler* 1988, 644).

Das bedeutet, daß in diesen beiden konträren Auffassungen jeweils unterschiedliche Polarisierungen von Psychoanalyse und Pädagogik zum Ausdruck kommen, die auf einer Dichotomisierung zwischen Selbst- und Fremdbestimmung beruhen. Meines Erachtens konnte *Datler* eine solche Dichotomisierung im Hinblick auf das Verhältnis von Psychoanalyse und Pädagogik mit seiner Argumentation, daß sowohl den psychoanalytischen als auch den pädagogischen Prozessen Momente der Fremdbestimmung zuzurechnen seien, überzeugend zurückweisen (vgl. ebd.). Erziehung verstanden als eine Hilfe beim Aufbau und der Stärkung des Ich des jungen Menschen bedarf als erzieherischen Rahmen auch bestimmter Ordnungs- und Umgangsregeln und damit

---

Pädagogik" sich einerseits noch nicht ganz hinreichend in der Nachkriegszeit (und damit sei z. T. auch auf einen gewissen Gegensatz zu den 20er und 30er Jahren hingewiesen) als eigenständige wissenschaftliche Disziplin m.E. etablieren konnte, und es andererseits nicht angemessen sei, wie unten noch begründet wird, daß sie die Psychoanalyse zu ihrer Grundlagenwissenschaft mache. Mitunter weise ich auch durch Anführungszeichen darauf hin, daß eine Großschreibung zwar aus kontextuellen Gründen an den betreffenden Stellen vorgenommen wurde, diese aber in begrifflicher Hinsicht gar nicht angemessen sei. Ansonsten geht es mir auch nicht allzu sehr um eine angemessene Schreibweise oder Benennung als solche, als vielmehr darum, daß diese nicht ein für mich viel wichtigeres Anliegen beeinträchtige, nämlich die Forderung nach einer hinreichenden Fundierung, Weiterentwicklung und sachgerechten Verbreitung bzw. zunehmenden Rezeption psychoanalytischer Pädagogik in Theorie und Praxis.

sind auch gewisse Momente der Fremdbestimmung impliziert. (Nur dürfen diese nicht ein für allemal festgeschrieben sein, sondern müssen in einem tendenziell partnerschaftlichen Dialog zwischen Erzieher und Educandus immer wieder aufs neue zur Disposition gestellt und erarbeitet werden, um nicht zu einer Technik der Verhaltensmodifikation oder Psychotechnik zu erstarren.)

Mit dem Wegfall dieser angeführten Unterscheidungen zwischen Psychoanalyse und Pädagogik nach *Heitger* oder *Körner* könnte es aber sinnvoll sein, psychoanalytische Hilfestellungen grundsätzlich als intendierte Hilfe zu wünschenswerten Schritten der Persönlichkeitsentfaltung zu begreifen, die immer schon mit (zumindest implizit) pädagogischer Absicht gesetzt werden (vgl. ebd.). Psychoanalyse würde dann möglicherweise dem Gesamtbereich des Pädagogischen zugerechnet werden. (Diese Auffassung wurde auch von *G. Bittner* 1985 vertreten.) Psychoanalytisch orientierte Hilfestellungen, wie die von Lehrerinnen und Lehrern, Erzieherinnen und Erziehern, Kindergärtnerinnen und Kindergärtnern etc., wären dann ebenso wie die klassische psychoanalytische Kur - wenn auch gegebenenfalls mit jeweils unterschiedlichem Setting - als Spezialfälle pädagogischer Praxis aufzufassen (vgl. ebd. 1988, 645).

Die Frage nach der Möglichkeit einer sinnvollen Konjunktion und Integration von Psychoanalyse und Pädagogik wird unten noch etwas weiter diskutiert werden. Zumindest soll aber dieser voranstehende Argumentationsgang und insbesondere der jetzt nachfolgende einen Anhaltspunkt geben für die Existenzberechtigung einer psychoanalytischen Pädagogik. Dazu scheint es mir unter Berufung auf *H.-G. Trescher* wichtig, darauf hinzuweisen, daß psychoanalytische Therapie dem methodischen Selbstverständnis neuzeitlicher Medizin keinesfalls entspreche. Indem *Freud* auf Hypnose und Suggestion zugunsten der Einführung der freien Assoziation verzichtete, kam es quasi zur revolutionären Veränderung des ärztlichen Setting bzw. zur Konstituierung eines genuin psychoanalytischen Setting[3]. Er verzichtete damit auf den ärztlichen Anspruch der Gefügigkeit des Patienten. "Stattdessen ließ er sich auf eine professionelle Beziehung zu seinen Analysanden ein, in der sie als Sub-

---

[3] *Trescher* spricht in diesem Kontext m.E. vermeintlich vom Paradigma anstatt vom Setting.

jekte und nicht als passive Objekte ärztlicher Bemühungen verstanden wurden" (*Trescher* 1988, 458). Dadurch wurde *Freud* auf ihre Mitarbeit angewiesen. Es entstand eine wechselseitige Abhängigkeit zwischen Analytiker und Analysanden, die zu der bis heute eingehaltenen Forderung nach Konstituierung eines Arbeitsbündnisses führte, welches Analysanden und Analytiker in unterschiedlicherweise als Lernende und als Forschende definiert. Ihr Forschungsgegenstand ist die gemeinsame (therapeutische) Beziehung. Forschungsinstrument ist die Selbstreflexion, Reflexion und Metakommunikation, was auch die teilnehmende Beobachtung und den Dialog impliziert. In diesem Prozeß besteht - wie *Freud* formulierte - ein "Junktim zwischen Heilen und Forschen". Psychoanalytisch arbeiten impliziert also eine Orientierung an einem dialogischen, methodisch Selbstreflexion in Anspruch nehmenden Handlungsmuster. Und dieses psychoanalytische Setting gilt nicht nur für den Anwendungsbereich der Psychoanalyse; es kann Gültigkeit beanspruchen sowohl für die Psychoanalyse als Heilbehandlung als auch für die psychoanalytische Pädagogik. Bzw. nach meiner Auffassung von Pädagogik wird mit einem so verstandenen psychoanalytischen Setting eine Differenzierung gegenüber dem pädagogischen mehr oder weniger aufgehoben. Denn das oberste Ziel der Pädagogik besteht m.E. gerade darin, Menschen, die dem Erziehungsprozeß unterworfen sind, zu befähigen, Subjekt dieses Vorganges zu werden. Das bedeutet allerdings nicht, daß es eine psychoanalytische Pädagogik geben kann, die sich ausschließlich oder auch nur grundlegend auf Psychoanalyse gründet. (Aus diesem Grunde ist die hier - um im gängigen Sprachgebrauch zu bleiben - verwendete Bezeichnung "Psychoanalytische Pädagogik" eigentlich nicht angemessen, und sie sollte besser, wie auch in der Themenformulierung dieser Abhandlung angedeutet, durch "psychoanalytisch orientierte Pädagogik" ersetzt werden.) "So interessant und fesselnd alles ist, was uns die Psychologen zu sagen haben - irgendwie können wir uns des Eindrucks nicht erwehren, daß einiges in ihren Fragestellungen gar nicht enthalten ist, was für uns doch das tägliche Brot bedeutet" (*Redl* 1935, 230). Mit diesem Hinweis von *F. Redl* soll die hier vertretene Auffassung bekräftigt werden, daß die Psychoanalyse für Pädagogik nicht als Grundlagenwissenschaft, sondern nur als eine von mehreren hilfreichen Nachbarwissenschaften fungieren könne. Neben psychologischen resp. psychoanalytischen müssen auch soziologische, biologische, ethische, sozialphilosophische, politische und noch andere Überlegungen, Einsichten und Ergebnisse in den "pädagogischen Grundgedankengang" integriert werden (*Flitner* zit. n. *Fatke* 1980, 751). Psychoanalytische Pädagogik entsteht immer dann, wenn Erziehung das Unbewußte berücksichtigt. Oder mit anderen Worten: "Jede Pädagogik, die die Wirksamkeit dynamisch unbewußter Prozesse beachtet, ist psychoanalytische Pädagogik, mag sie im übrigen marxistisch, personalistisch oder sonstwie orientiert sein" (*Bittner* 1986, 35). Und besonders wichtig scheint mir in diesem Zusammenhang die Behauptung *Datler*s u. a., die ich einer weiteren empirischen Untersuchung für Wert erachte, daß nämlich insbesondere die Erhellung der Analytiker-Analysand-Beziehung und weniger etwa das Aufspüren und "Entdecken" kindlicher Traumen zu einer angemessenen Erschließung unbewußter Prozesse führe (vgl. *Datler* 1987, 245)[4]; denn dies Postulat impliziert ja u.U. eine Modifikation der psychoanalytischen Methode.

Mit der voranstehenden Argumentation sei die Möglichkeit einer theoretischen Konzipierung psychoanalytischer Pädagogik wohl hinreichend begründet, so daß nachfolgend auf ihren Forschungsstand und ihre heutige Relevanz kurz einzugehen sei.

1.2 Zum Forschungsstand und zur thematischen Relevanz

Ohne auf die *Bittner-Füchtner*-Kontroverse hier näher einzugehen, sie kann in Psyche 1978 und 1979 nachgelesen werden, möchte ich nur betonen, daß *Füchtner*s These vom Verschwinden der "Psychoanalytischen Pädagogik" in der Nachkriegszeit von *Bittner* nach meiner Einschätzung überzeugend zurückgewiesen werden konnte. Und der psychoanalytischen Pädagogik dürften auch zunehmende Chancen eröffnet werden durch die tendenziell rückläufige Auffassung erblicher Determinierung zugunsten des milieutheoretischen Ansatzes menschlicher Entwicklung, so daß mit einem Verschwinden psychoanalytischer Pädagogik weder in naher noch in ferner Zukunft jemals zu rechnen sein dürfte. Nicht zuletzt aufgrund der gehäuften Jugendprobleme in der heutigen Zeit (Jugendkriminalität, Jugendprostitution, jugendlicher

---

[4] So war z.B. *Aichhorn* besonders dafür prädestiniert, von der Art und Ausformung der sich einstellenden Übertragungsbeziehung (zwischen Klient und Pädagoge) her Rückschlüsse zu ziehen auf die Ursache einer manifesten Verwahrlosung eines Klienten. Leider verzichtete er aber mehr oder weniger auf eine differenziertere Analyse der Pädagoge-Klient-Beziehung - bzw. auf eine Bemühung um Aufdeckung und Beschreibung der eigenen Selbstbetroffenheit in dieser Wechselbeziehung - und verließ sich weitgehend auf seine Intuition als Psychoananlytischer Pädagoge.

Drogenkonsum u. a.), die ja auch als Verwahrlosungsprobleme wahrzunehmen sind, müßte entgegen der Tatsache, daß die für pädagogisches Handeln zuständigen Institutionen der psychoanalytischen Denkweise allerdings wenig Verständnis entgegen bringen, gerade der "Psychoanalytischen Pädagogik" eine größere Chance auch in Form vermehrter Bereitstellung von Ressourcen geboten werden. (Praktiker wie Theoretiker psychoanalytischer Pädagogik werden auch heute in Fachkreisen häufig belächelt und eher an den Rand gedrängt.) Gewiß steckt die psychoanalytische Pädagogik im Hinblick auf eine bisher nicht ganz hinreichend hervorgebrachte Kohärenz ihrer Theorie- und Praxiskonzeption immer noch teilweise in den Kinderschuhen. Wenn es auch bis heute eine "Psychoanalytische Pädagogik" als spezialisierte wissenschaftliche Arbeitsdisziplin noch kaum gibt (vgl. *Wagner-Winterhager* 1988b, 112), so dürfte m.E. zu ihrer Konzipierung und Etablierung eine Dokumentation und Aufarbeitung des nachfolgend zusammengetragenen Forschungsstandes bzw. Schriftenarsenals psychoanalytischer Pädagogik durchaus Stoff genug dazu bieten (vgl. *Bittner* 1989, 221).

Bereits F. *Redl* wies - wie eingangs erwähnt wurde - auf das theoretische Desiderat hin, daß die Psychologie (bzw. er meinte damit die Psychoanalyse) manches in ihre Fragestellungen nicht aufgenommen habe, was das "tägliche Brot" für den Pädagogen darstelle. Schon eine diagonale, überschlägige Durchsicht einschlägiger Arbeiten zum Forschungsstand zeigt erstens (1), daß es wohl dieses "tägliche Brot" der Erziehungspraxis war, das die psychoanalytische Pädagogik zu einer Erweiterung vor allem der *Freud*schen Persönlichkeitstheorie und Entwicklungstheorie veranlaßte (vgl. *Bittner/Ertle* 1985a, 50)[5]. So wurden die Abwehrmechanismen des Ich durch *Anna Freud* weiter ausdifferenziert, indem sie den natürlichen pädagogischen Lebenskontext von Kindern in die Analyse ihrer psychischen Schwierigkeiten miteinbezog; und so kam es auf der Grundlage sozialpädagogischer Erfahrungen zur Erweiterung der Ich-Funktionen allgemein (kognitive, Macht-, Auswahl- und synthetische Funktion) und zur Spezialisierung der Techniken des delinquenten Ich u. a. durch F. *Redl* (vgl. ebd.). - Und des weiteren sei noch auf neuere Forschungs-

---

5 Zu diesem wichtigen Band (*Bittner/Ertle* 1985a) einer Zusammenstellung von Symposiumsbeiträgen eines Kongresses der Deutschen Gesellschaft für Erziehungswissenschaft (DGfE), die sich mit dem Thema des Verhältnisses von Psychoanalyse und Pädagogik auseinandersetzen, liegen zwei Rezensionen von *Gudjons* (1986) und *Scarbath* (1987a) vor.

arbeiten zum Narzißmus (*Kohut* 1969, 1970, 1972, 1973; *Ziehe* 1975) hingewiesen.

Zweitens (2) zeigt ein Einblick in die in immenser Zahl vorhandenen psychoanalytisch-pädagogischen Arbeiten (Forschungsstand), daß zwar ein großer Teil von ihnen sich mit der Frage nach der "Anwendung der Psychoanalyse auf die Pädagogik" auseinandersetzt, was auch die Frage nach der "Bedeutung der Psychoanalyse für die Pädagogik" mehr oder weniger impliziert, daß aber eine umfassende Theorie Psychoanalytischer Pädagogik, die auch die Weiterentwicklung der Persönlichkeits- und Entwicklungstheorie hinreichend berücksichtigt, bisher nicht vorgelegt wurde.

An Veröffentlichungen im deutschsprachigen Raum sind bisher erschienen insbesondere:

1a) zahlreiche Schriften neueren Datums, die entweder einen Beitrag zu einer umfassenden psychoanalytisch-pädagogischen Systematik leisten oder Monographien zu psychoanalytisch-pädagogischen Einzelfragen darstellen (vgl. *Datler* 1983, 11)[6];

1b) Jahrbuch für Psychoanalytische Pädagogik ab 1989,

2. Übersetzungen von genuin angelsächsischen oder amerikanischen Arbeiten[7],

3. klassische Werke psychoanalytisch-pädagogischer Pioniere, die während der Zwischenkriegszeit in Österreich und Deutschland vorgelegt und seither vergriffen waren[8],

4. Aufsätze aus der "Zeitschrift für psychoanalytische Pädagogik" aus den Jahren 1926 bis 1937, die in Sammelbänden als Neuauflagen erschienen sind[9] sowie

---

[6] Zum Beispiel *Behnke* (1972); *Bittner* (1967); *Datler* (1983); *Füchtner* (1979); *Fürstenau* (1974, 1979); *Höchstetter* (1976); *Körner* (1980); *Kos-Robes* (1980); *Leber/Reiser* (1980); *Löwisch* (1974); *Pflüger* (1977); *Rehm* (1968); *Richter* (1969); *Schlederer* (1980); *Schraml* (1968); *Singer* (1970,1973); *Strauch* (1976); *Strauch* und *Zwettler* (1980); *Trescher* (1985); z. T. *Ammon* (1973).

[7] Zum Beispiel *Ekstein/Motto* (1963); *Erikson* (1966, 1976); *Fraiberg* (1972); *A. Freud* (1968); *Kris* (1948); *Redl* (1971, 1979); z. T. *Ammon* (1973).

[8] Zum Beispiel *Aichhorn* (1951); *Bernfeld* (1925); *A. Freud* (1935); *Reich* (1932, 1975); z. T. *Bernfeld* (1969/1970).

[9] Zum Beispiel *Aichhorn* (1951); *Bittner/Rehm* (1964); *Cremerius* (1971a); *Meng* (1973a, 1973b); z. T. *Bernfeld* (1969/1970).

5. weitere, unter Punkt 1 bis 4 nicht aufgenommene Schriften zur psychoanalytischen Pädagogik, wie sie in einer neueren Bibliographie im
   "Jahrbuch für Psychoanalytische Pädagogik" von 1989 zusammengestellt
   wurden.

   Ferner seien hier auch die Hauptschriften *Zulligers* zu erwähnen (siehe
   Literaturverzeichnis dieser Arbeit).

Ein überschlägiges Studium dieser mehr oder weniger einschlägigen psychoanalytisch-pädagogischen Literatur führt ferner zu der Feststellung, daß die
verschiedenen Autoren die Frage nach den Folgen, die psychoanalytische
Erkenntnisse für die Pädagogik haben und haben müßten, meist in wenigen
allgemeingehaltenen Überlegungen abhandeln bzw. recht unterschiedlich ant-
worten auf die Frage, welche ganz spezifische Bedeutung es denn eigentlich
sei, die das psychoanalytische Wissen im Hinblick auf die Bewältigung
pädagogischer Praxis beigemessen werden muß (vgl. ebd., 16).

Eine sorgfältig geführte Diskussion des Psychoanalyse-Pädagogik-Verhältnis-
ses dürfte dazu nötig sein, wenn die oftmals postulierte Möglichkeit, angesichts psychoanalytischer Theorien zu einer "besseren" Gestaltung pädagogischer Praxis gelangen zu können, nicht falsch eingeschätzt oder leichtfertig
außer acht gelassen werden soll. Unbeschadet der in der Literatur veran-
schlagten Dringlichkeit scheint genau diese Diskussion zum Teil immer noch
weithin auszustehen (vgl. ebd., 12). (Allerdings die vor einigen Jahren konsti-
tuierte Arbeitsgruppe "Pädagogik und Psychoanalyse" der DGfE hat bereits
eine Tagung zum Thema "Das Verhältnis von Psychoanalyse und Pädagogik"
durchgeführt.) Andererseits scheint der Forderung nach einer besseren Gestaltung pädagogischer Praxis eine verbreitete Reserviertheit vieler Pädagogen
gegenüber einer Rezeption psychoanalytischen Gedankenguts und pädagogischer Einvermittlung psychoanalytischer Befunde entgegenzustehen. Diese
Reserviertheit (man beachte nur, daß pädagogische Wissenschaftler und Praktiker mit psychoanalytischer Ausrichtung auch heute noch ziemlich rar sind
(vgl. *Wagner-Winterhager* 1988a, 57)) hat m.E. vermutlich ihre Ursache zum
einen darin, daß der Kognitivismus in den Sozialwissenschaften mehr oder
weniger vorherrscht und zum anderen, daß nach Auffassung vieler Pädagogen
die Schwierigkeit der Bewältigung pädagogischer Probleme infolge einer
Komplexitätserweiterung sich noch verstärkt, sobald psychoanalytische Theo-

riegehalte bzw. unbewußte Psychodynamismen für die pädagogische Interaktion berücksichtigt werden. Tatsächlich dürfte aber zutreffen, daß in manchen erzieherischen Situationen ein adäquates pädagogisches Verhalten nur dann gegeben ist, sofern dieses auch unter psychoanalytischen Gesichtspunkten vertretbar ist. Und der Angst vor theoretischer Überforderung mancher Pädagogen möchte ich entgegenhalten, daß z.B. *Aichhorns* Erziehungsprojekt in Oberhollabrunn, dargestellt in seinem Buch "Verwahrloste Jugend" (heute würden wir vorzugsweise von schwer erziehbaren oder "dissozialen" Jugendlichen sprechen) und eingegangen als klassisches Beispiel psychoanalytisch orientierter Heimerziehung in die Pädagogikgeschichte, zu einem Zeitpunkt stattfand, bevor *Aichhorn* sich überhaupt jemals mit Psychoanalyse näher beschäftigt hatte. Dies mag zumindest einen Anhaltspunkt für die Vermutung geben, daß bereits ein psychoanalytisches Grundwissen ausreiche, um als Pädagoge psychoanalytisch orientiert arbeiten zu können.

Ferner spricht einiges dafür, daß noch andere Ängste von Pädagogen zu ihrer Aversion gegenüber Psychoanalyse beitragen. So wurde bereits von *Bernfeld* die Erkenntnis entfaltet, daß durch die Begegnung mit Kindern auch das Kind im Erwachsenen bzw. im Pädagogen aufgestört wird. Die verpönten Anteile der unausgelebten Kindheit mobilisieren vielfältige Abwehrmechanismen und blockieren so die Wahrnehmung kindlicher Lebensäußerungen und das Verständnis für sie (vgl. *Denecke* 1982, 272).

Damit ist auch das Mißverhältnis begründet, das in der Tat zwischen der faktischen Auswirkung psychoanalytischer Erkenntnisse auf den pädagogischen Alltag einerseits und der grundlegenden Bedeutung der Psychoanalyse für das Verständnis des Kindes, seiner Entwicklung und seiner Beziehung zur Umwelt und zu Erwachsenen andererseits besteht. Schwerlich zu begründen aber scheint mir die Tatsache, daß dieses Mißverhältnis in Veröffentlichungen über die Bedeutung der Psychoanalyse für die Pädagogik nur selten aufgegriffen wird (vgl. *Füchtner* 1979, 9). Dies erstaunt mich um so mehr, als von *G. Bittner*, in seinem Aufsatz "Die Bedeutung der Psychoanalyse für die Pädagogik", bereits 1971 die Aufgaben der Psychoanalyse im pädagogischen Bereich skizziert wurden. Auch wurden von *G. Bittner*, 1985, vier Kategorien[10] zur

---

[10] *Bittner* postulierte vier Kategorien:
   1. Psychoanalyse ist im pädagogischen Kontext eine Verstehenslehre,
   2. Psychoanalyse ist im pädagogischen Kontext eine Beziehungslehre,

Erfassung der "Bedeutung der Psychoanalyse für die Pädagogik" benannt. Und es überrascht mich nicht wenig, daß meines Wissens bisher von keinem Autor diese Kategorien in einer umfassenden Abhandlung zur strukturellen Grundlage gemacht bzw. auch nur weiter bearbeitet und entfaltet wurden. In einem mit mir geführten Gespräch (1990) stimmte Prof. *Bittner* mit mir darin überein, daß eine umfassende Bearbeitung dieser vier Erschließungskategorien von ihm - die er allerdings nicht unter dem Anspruch auf Vollständigkeit einführte - möglicherweise sehr wichtig und ergiebig sein dürfte für eine weiterführende theoretische Grundlegung psychoanalytischer Pädagogik.

Dieser Mangel einer bisher nicht hinreichend ausgeführten weiteren theoretischen Bearbeitung der genannten *Bittner*schen Kategorien besteht, obgleich die meisten der unter 1. bis 5. (Seite 13 f.) genannten neueren Autoren die besondere, teils fundamentale Relevanz des psychoanalytischen Verstehens für Konflikte und Belastungen in den pädagogischen Arbeitsfeldern m.E. durchaus anerkennen.

Ferner dürfte einem auch - im Hinblick auf eine Reihe von Autoren - ein gewisser Mangel an kritischem Potential der heutigen psychoanalytischen Pädagogik im Vergleich zur historischen Psychoanalytischen Pädagogik der 20er und 30er Jahre auffallen. So brachte doch die historische Psychoanalytische Pädagogik neben einer überwiegend vorherrschenden massiven Kritik an der damaligen Erziehungspraxis (z.B. im Bereich der Sexualerziehung und der Bedeutung und Wirkung von Strafe) nicht selten zugleich auch eine Gesellschaftskritik, mit dem Ziel einer Veränderung der gesellschaftlichen

---

3. Psychoanalyse ist ein Stück pädagogische Wirkungslehre und
4. Psychoanalyse erstellt Bausteine für eine pädagogische Anthropologie (vgl. *Bittner* 1985b, 32).
Auf diese vier Schlüsselkategorien kann ich im Rahmen dieser Arbeit allerdings nur marginal oder auch nur mehr implizit im Zusammenhang mit den hier akzentuierten Fragestellungen und Thesen eingehen. Und für eine weiterführende systematische Bearbeitung dieser Kategorien möchte ich den interessierten Leser auf folgende wichtige Schriften und ihren jeweiligen Literaturanhang verweisen:
Ad 1: *Denecke, W.* (1982); *Heimann, P.* (1969); *Körner, J.* (1985); *Lorenzer, A.* (1970 a); *Menne, K.* (1976); *Neidhardt, W.* (1977); *Rapaport, D.* (1961); *Riemann, F.* (1956); *Rödler, P.* (1988); *Trescher, H.-G.* (1987 b).
Ad 2: *Fürstenau, P.* (1977); *Muck, M.* (1978); *Rattner, J.* (1969); *Reiser, H.* (1987 b); *Willi, J.* (1978).
Ad 3: *Muck, M.* (1974 b; 1977)
Ad 4: *Derbolav, J.* (1959); *Dieterich, R.* (1981); *Gadamer, H.-G.* (1973); *Gerner, B.* (1974); *Höltershinken, D.* (1971); *Langeveld, M.* (1965); *Wyss, D.* (1969).

Verhältnisse durch Erziehung, hervor. Hierzu beachte man nur die Schriften von *S. Bernfeld* (1925, 1926, 1927, 1929), *O. Fenichel* (1934, 1935, 1945) und *W. Reich* (1926/27, 1929). Psychoanalytische Erziehung sollte als Neurosenprophylaxe eine Umformung des Menschen und damit eine Gesellschaftsveränderung herbeiführen (vgl. *Trescher* 1988, 456). Zugleich fanden aber auch Formulierungen einer rezepthaften Erziehungslehre zur Förderung seelischer Hygiene eine gewisse Resonanz.[11] Hiervon hat man sich jedoch in neuerer Zeit - nach Aufdeckung des naturwissenschaftlichen Selbstmißverständnisses der Psychoanalyse - zunehmend distanziert. - Damit einhergehend ist wohl auch der Optimismus bezüglich der Einschätzung einer umfassenden Neurosenprophylaxe heute etwas geschwunden. (Zum Beispiel will *Bittner* eine "generelle Neurosenprophylaxe" durch das Ziel einer "speziellen Neurosenprophylaxe" ersetzen, die als eine Hilfe zur Konfliktlösung im Vorfeld des therapeutischen, als Hilfe bei der Lösung noch nicht pathologisch verfestigter Konflikte zu verstehen sei (vgl. *Bittner* 1986, 34), und *Trescher* bezeichnet eine umfassende Neurosenprophylaxe durch psychoanalytische Aufklärung von Eltern und Erziehern als illusionär (vgl. *Trescher* 1988, 458).) Denn einerseits führt die Ätiologie der Neurosen nicht immer auf reale sondern bisweilen nur auf in der Phantasie vorhandene Traumen der frühen Kindheit zurück, wie *S. Freud* bereits 1897 erkannte - wir haben es also mit einer erheblichen intersubjektiven Variabilität der Reizverarbeitung zu tun -, und andererseits darf auch die Abhängigkeit traumatisierender Sozialisationsverläufe von historisch-gesellschaftlichen und sozialen Bedingungen nicht gering veranschlagt werden (vgl. *Trescher* 1988, 456)[12].

---

[11] In diesem Sinne sagte *A. Freud* 1935, daß "das praktische Rezept [...], das man zur allgemeinen Anwendung empfehlen kann" (*Freud, A.* 1935, 59) formulierbar sei. Mehrere Jahre später dagegen spricht *A. Freud* von unberechtigten Erwartungen und illusionären Zielsetzungen der frühen Psychoanalytischen Pädagogik und daß "die Suche nach einer eindeutigen 'Wurzel der Neurose' so unrealistisch ist wie die Hoffnung auf eine auf Erziehung gegründete Neurosenprophylaxe" (*Freud, A.* 1968, 17).

[12] Zum Beispiel weist *Aichhorn* auf die soziale Indikation der Verwahrlosung hin und appelliert an staatliche Institutionen, sich um eine Verbesserung der Wohnverhältnisse der Unterschichten zu bemühen (vgl. *Aichhorn, A.* zit. n. *Osztovits* 1982, 27). Auch hielt er es nicht für ausgeschlossen, daß langfristig durch eine Veränderung der vorherrschenden familialen Strukturen oder gar durch Hervorbringung neuer Formen des Zusammenlebens in Kleingruppen die Bedingungen für die menschliche Individualgenese verbessert werden könnten. Wenngleich er als Verwahrlostenpädagoge sich nicht dafür kompetent oder prädestiniert hielt, diesbezügliche konkrete Verbesserungsvorschläge zu machen, sondern solche den sozialwissenschaftlichen Fachleuten überlassen wollte (vgl. *Aichhorn, A.* 1977, 104). -

Auch läßt sich heute häufig eine gewisse Feindschaft wahrnehmen zwischen gesellschaftskritischen Pädagogen der sogenannten Frankfurter Schule und manchen pädagogischen Vertretern einer Ich-Psychologie, die auch der Möglichkeit einer Umsetzung eines mehrperspektivisch-dialogischen Wissenschaftsverständnisses (vgl. *Scarbath* 1979, 219), einer Erweiterung des pädagogischen Bezugs zu einem gesellschaftlichen Bezug (vgl. ebd., 215) und überhaupt einem gesellschaftskritischen Impetus von psychoanalytischer Pädagogik eher abträglich ist. Mit anderen Worten die psychoanalytisch-pädagogische Reflexion und Analyse abweichenden (oder pathologischen) Verhaltens hat sich nicht nur zu richten auf die innere Realität (innerpsychische Befindlichkeit) von Individuen und Berücksichtigung von unbewußten Anteilen in der Pädagoge-Klient-Beziehung. Sie sollte sich auch kritisch - und auch Veränderungen mit anregend - auseinandersetzen mit der äußeren Realität, dem psychosozialen Umfeld eines Individuums: mit aktuellen psychischen Belastungen und gestörten, insbesondere intrafamiliären Interaktionsstrukturen samt ihren historisch-gesellschaftlichen und sozialen Bedingungen. - Beispielsweise können Eltern, die in einer leistungs- und erfolgsorientierten Gesellschaft gesellschaftliche Haltungen und diskriminierende Wertkriterien von Erfolg und Versagen unkritisch repräsentieren, möglicherweise ihren wenig begabten Sohn permanent überfordern und eine neurotische Abwehrhaltung provozieren. Das heißt gesellschafltich tradierte Versagungs- und Konfliktsituationen geben sowohl Anlaß für die Entwicklung innerer Konflikte und ggf. neurotischer Prozesse (- man beachte auch aktuelle Jugendprobleme: schlechte Schulnoten, welche Arbeitslosigkeit oder negative Selektion aufgrund eines Numerus clausus in Aussicht stellen -) als auch umgekehrt innere Spannungen und Versagungen von Individuen ihre Wirkung auf spezifische Konflikte, Ziel- und Wertvorstellungen einer Gesellschaft ausüben. Abhilfe oder positive Veränderung würde hier eine erfolgreiche, umfassende Aufklärung voraussetzen bzw. es müßten zumindest Gesellschaftskritiker, Psychologen und Pädagogen - auch unterschiedlichster wissenschaftstheoretischer Provenienz - sich zunächst einmal an *einen* Diskussionstisch zusammensetzen und auch gegebenenfalls gemeinsame Projekte initiieren. - Aufgabe von Pädagogik ist es doch - im Zuge einer möglichst breiten Förderung

---

Dagegen findet man in den Schriften *Zulligers* kaum explizit gesellschaftskritische Gedanken. Andererseits formulierte er aber auch sehr progressive Gedanken, indem er ganz vehement eine Verbesserung der Psychohygiene im Schulalltag forderte (vgl. hier S. 41).

von Bildungs- und Sozialisationsprozessen - nicht nur individuelle sondern auch überindividuelle Beeinträchtigungen aufzudecken, zu beseitigen oder zu mildern. Dies impliziert eben auch Gesellschaftskritik und pädagogische Appelle an geeignete bildungspolitische Instanzen.

Das gegenwärtig auf den Plan gerufene "szenische Verstehen"[13] ist sicherlich ein wichtiges Instrument, um auch den scheinbar irrationalen Sinn von Blockaden des Bildungs- und Sozialisationsprozesses wahrzunehmen und zu erkennen. Nur neigen eine Reihe von psychoanalytischen Pädagogen - ohne daß ich hiermit die wichtige Bedeutung psychoanalytischen Verstehens in Frage stellen möchte - heute häufig dazu, primär auf die Relevanz des psychoanalytischen, also des szenischen Verstehens für die pädagogische Praxis hinzuweisen, indem sie zugleich den Handlungsaspekt weitgehend vernachlässigen. Damit im Zusammenhang steht m.E. das Phänomen, daß es im Gegensatz zu den 20er Jahren heute sehr wenige psychoanalytisch orientierte Erziehungsversuche gibt bzw. sehr wenige Erziehungsversuche, die als Nachfolge, Analogie oder Weiterentwicklung zu denen von *Aichhorn*, *Bernfeld* oder *Redl* betrachtet werden können.

Dies scheint mir in gewisser Hinsicht auch ein Argument zu sein für eine immer noch vorhandene pädagogische Relevanz dieser klassischen Erziehungsversuche wie sie im Praxisteil dieser Arbeit abgehandelt werden. Und bezüglich der Frage nach ihrer Aktualität sei auch zu fragen, ob nicht das neurotische, dissoziale oder kriminelle Verhalten Jugendlicher heute eine erzieherische Antwort erfordert, die denen von *Aichhorn* oder *Zulliger* zumindest im Grundansatz und vielleicht auch in einigen zentralen Momenten analog sein dürfte. Somit werden die Analysen der Fallbeispiele in der Heimerziehung *Aichhorn*s sowie, in einem anderen pädagogischen Setting, der Fallbeispiele Zulligers - wie sie in dieser Arbeit durchgeführt werden - durchaus einige

---

13 Nach *Lorenzer* darf sich das szenische oder psychoanalytische Verstehen weder auf logisches Verstehen, als Verstehen des Gesprochenen, noch auf psychologisches Verstehen, als Verstehen des Sprechers, beschränken. "Es wendet sich vielmehr - ausgehend von diesen beiden anderen Verstehensweisen - einer Zwischenebene zu, die auf das Erleben des Patienten bezogen ist [...] Erlebnis bezeichnet eine szenische Anordnung, die sich auf den Patienten (bzw. den Klienten der therapeutischen Erziehung, d. Verf.) bezieht. Psychoanalyse ist deshalb ein 'Verstehen der Situation'; es soll 'szenisches Verstehen' genannt werden" (*Lorenzer* zit. nach *Menne* 1976, 539). Das szenische Verstehen zielt auf die Erfassung dieser situativen Struktur, die durch die "Teilnahme an der Lebenspraxis" möglich wird (vgl. ebd.).

Anhaltspunkte und Thesen zutage fördern, inwiefern und angesichts welcher psychoanalytisch-pädagogischer Kenntnisse, Erkenntnisse und Handlungsweisen diese großen Erziehungspraktiker zu einer beispielhaften, vorbildlichen Erledigung ihrer pädagogischen Arbeit gelangen konnten.

1.3 Zur Abfassung dieser Arbeit: Fragestellungen, Thesen

In den ersten Kapiteln dieser Arbeit (Kapitel 1 bis 4) liegt der Akzent auf einer theoretischen Reflexion dreier Themenkreise: der Pädagogik, der Psychoanalyse und der psychoanalytischen Pädagogik. Mit dem zuletzt genannten Themenkreis nehme ich insbesondere Bezug auf neuere Untersuchungen von *Bittner, Datler, Fatke, Trescher, Wagner-Winterhager* und anderen, die ihrerseits stark rekurrieren auf eine kritische Auseinandersetzung mit den exemplarischen Fallbeispielen bei *Zulliger, Aichhorn, Redl, Bettelheim* und anderen.

Die hier vorgestellte theoretische und begriffliche Klärung psychoanalytischer Pädagogik sowie die gleich hier anschließend in der Einleitung formulierten zentralen Fragestellungen und Thesen dienen dann als Interpretationsfolie für eine Analyse der pädagogischen Praxis und der Fallbeispiele von *Zulliger* und *Aichhorn* in den unten folgenden Kapiteln. Da es mir sowohl um die Problematik psychoanalytisch motivierter pädagogischer Interventionen im Umgang mit neurotischen als auch mit verwahrlosten Kindern und Jugendlichen geht, bietet sich von daher eine Analyse der Fallbeispiele *Zulliger*s und *Aichhorn*s an. Der erste hatte hauptsächlich mit neurotischen Kindern und der zuletzt genannte Autor mit verwahrlosten Jugendlichen zu tun.

Die zentralen Thesen zur Bedeutung der Psychoanalyse für die Pädagogik, die sicherlich auch in einer Untersuchung der Praxisbeispiele und Erziehungskonzepte von *Aichhorn* und *Zulliger* herauskristallisiert, wenn auch nicht alle gleichermaßen umfassend abgehandelt werden könnten, wurden bereits von *G. Bittner* (1971 und 1985b) formuliert: Der Erwerb von Wissen und Erkenntnissen aus der Psychoanalyse kann dem Pädagogen auf verschiedene Weise und verschiedenen Ebenen hilfreich sein:

A. für eine Kritik an pädagogischen Institutionen,

B. für einen besseren und verständnisvolleren Umgang mit Konflikten in der alltäglichen Interaktion des Pädagogen mit seiner Klientel (vgl. *Bittner* 1971, 28),

C. für die therapeutische Erziehung von Neurotikern und Dissozialen und

D. für die Konzeption einer pädagogischen Verstehens-, Beziehungs- und Wirkungslehre und einer pädagogischen Anthropologie (vgl. *Bittner* 1985b, 32).

Diese vier Grundthesen könnten in entsprechend abgewandelter Formulierung, ohne eine Veränderung ihrer inhaltlichen Aussagen, als formale Antwort auf die beiden dieser Arbeit zugrundeliegenden Kardinalfragen herangezogen werden:

a) Worin besteht der pädagogische Wert der Psychoanalyse? und

b) Worin besteht das Interesse des Pädagogen an der Psychoanalyse?[14]

Diese beiden Fragestellungen im weitesten Sinne und einige relevante Fragen der Erziehungspraxis ein Stück weit zu veranschaulichen und zu klären durch detaillierte, begründete Einzelthesen, Fallbeschreibungen zweier namhafter

---

[14] Wobei für eine Beantwortung dieser Fragen nicht so sehr eine abgehobene theoretisch-abstrakte Reflexion akzentuiert werden soll, als vielmehr die unten vorgetragenen konkreten Fallbeispiele - jeweils für sich sprechend - und ihre Interpretationen eine Reihe von Anregungen und Anhaltspunkten für ein adäquates psychoanalytisch orientiertes pädagogisches Handeln in verschiedenen erzieherischen Situationen vermitteln und damit ihnen ein besonderer Klärungswert für diese Fragen zukommt.

Hierzu sei in nuce als erster allgemeiner Hinweis schon vorweggenommen (unten in den Kapiteln der Fallbeispiele wird dies noch etwas veranschaulicht werden): Die Psychoanalyse bezieht aus ihrer eigentümlichen "Empirie" Erkenntnisse von hoher pädagogischer Relevanz, an denen demzufolge psychoanalytisch orientierte Pädagogen besonders interessiert sein dürften. - Zum Beispiel bedürfen Triebverzichtsleistungen eines Kindes einer angemessenen Anerkennung von seiten des Pädagogen oder der Bezugsperson. Bleibt solche Anerkennung aus, kann sich unter Umständen eine erhebliche psychische Störung beim Kind einstellen. Desgleichen können Anpassungs- und Triebverzichtsforderungen ein Kind überfordern. Der psychoanalytisch Geschulte wird eher die ersten Anzeichen einer Überforderung erkennen.

Eine andauernde Überforderung begünstigt das Auftreten verschiedener psychischer Entwicklungsstörungen wie die Entwicklung eines nervösen Charakters oder mangelnder Liebesfähigkeit etc.

Oder die Äußerungen eines Menschen könnten einem als völlig sinnlos oder unsinnig erscheinen. Psychoanalytische Kenntnisse der Mechanismen der Verschiebung und der Verkehrung ins Gegenteil und ihrer Wirkungsweisen können dem Analytiker oder psychoanalytischen Pädagogen weiterhelfen und, nach einer Sinnentschlüsselung, die unbewußten Wünsche zutage fördern.

psychoanalytischer Pädagogen (*Aichhorn* und *Zulliger*) und ihrer Interpretationen, die teilweise durch eigene kritische Sekundärinterpretationen relativiert oder ergänzt werden, ist das Hauptanliegen dieser Arbeit.

Die Komplexität dieser Grundthesen A) bis D) macht zunächst jedoch eine Beschränkung für ihre Abhandlung - um den Rahmen dieser Untersuchung nicht zu sprengen - notwendig. Somit werden in dieser Arbeit hauptsächlich nur die Punkte B) und C) und die übrigen mehr nur implizit oder marginal abgehandelt.

Unter den exemplarischen Zugängen (Kapitel 5) sollen unter anderem die nachfolgend formulierten Einzelthesen, die sich mehr oder weniger unter den Punkten B) und C) subsumieren lassen, anhand von Praxisdarstellungen, Fallbeispielen und ggf. - wie gesagt - durch eigene Interpretationen eine (erste) Bestätigung erfahren. (Das heißt, andere mögliche Thesen, die aufgrund dieser Untersuchung sich nicht vertreten lassen oder die über den Umfang dieser Arbeit hinausführen würden, werden hier allerdings nicht formuliert. Auch werden an dieser Stelle nicht alle im praktischen Teil der Arbeit behandelten Thesen aufgezählt, sondern nur die wichtigsten bzw. die ohne weitere Erklärung ihrem Sinn nach verständlichen.)

1. Von hervorragender Bedeutung für die pädagogische Praxis ist die Anregung des Klienten zu einer "positiven Übertragung". Dazu bedarf es oft eines besonderen Geschickes, das den "guten" Pädagogen auszeichnet. Charismatische Erzieher (z.B. *Aichhorn* und *Zulliger*) setzen sich mit Beginn der positiven Übertragung an die Stelle des "Ich-Ideals" des zu Erziehenden (vgl. *Leber* 1985, 156).

2. In den erzieherischen Bemühungen geht es häufig ganz besonders um (a) Ich-Stärkung. Und in manchen Situationen ist auch (b) eine Ich-Stützung[15] sehr wichtig, die dann häufig als vorbereitende Voraussetzung

---

[15] Unter Ich-Stützung versteht man nach *Redl* Hilfs-Ich-Funktionen. Solche Funktionen ergeben sich auch in der Gestaltung der Erziehungsinstitutionen bzw. auch durch einen gut geplanten Tagesablauf (*Redl* spricht von "Programmdiät"). Die institutionellen Routinen und die festen Zeitstrukturen haben eine das Ich entlastende Funktion. Indem bestimmte Situationen durch die Institution vorweg geregelt sind, muß das Ich der Kinder nicht in jeder Situation neu Spannungen austarieren (vgl. *Wagner-Winterhager* 1988a, 66).
"Die Betreuer können auch als Hilfs-Ich fungieren, indem sie den Kindern dabei helfen, artig zu sein [...]
Es ging also darum, eine für Kinder einsichtige Routine zu verwirklichen, Absprachen sehr deutlich und klar zu treffen und diese auch unbedingt einzuhalten, um Frustrations-

zur Herbeiführung von Prozessen einer positiven Übertragung bzw. der Ich-Stärkung fungiert.

3. Eine spezifische "Technik des Erratens" in Verbindung mit einem "befreienden Verstehen" (*Bittner* 1967, 146) ist offenbar von grundlegender Bedeutung für den erzieherischen Erfolg des Verwahrlostenerziehers.

4. Eine hervorragende erzieherische Bedeutung haben "Erlebnisse".

5. Das Postulat der klassischen Psychoanalyse, daß ein Therapeut seine eigenen Persönlichkeitsmerkmale so weit wie möglich nicht zu erkennen geben bzw. Selbstdarstellungen strikt vermeiden sollte, gilt weder für den Kinderpsychotherapeuten noch für den tätigen psychoanalytischen Pädagogen.

6. In der Regel - jedenfalls im Kindesalter - ist die deutungsfreie der deutenden psychoanalytisch-pädagogischen Arbeit vorzuziehen.

7. Die einzelnen psychosexuellen Entwicklungsphasen müssen vom Kind ausgelebt werden können und dürfen nicht durch Erziehungseinflüsse oder negative Sanktionen zum vorzeitigen Abbruch gebracht werden, da andernfalls die Gefahr einer sog. Fixierung besteht, das bedeutet eine fortan bestehende Regressionsneigung und/oder Entwicklung bestimmter Charakterfehler, die mit der betreffenden Entwicklungsstufe im Zusammenhang stehen.

8. Frühkindliche und ödipale Konflikte, die unter anderem das Unterrichtsszenarium mitkonstituieren können, fügen als unaufgelöstes, undurchschautes Szenarium Lehrern wie Schülern seelische Verletzungen zu und beeinträchtigen oder blockieren den Lern- und Entwicklungsfortschritt (vgl. *Denecke* u. a. 1982, 274).

---

situationen zu vermeiden [...] Außerdem war es wichtig, daß die Betreuer sich als Signalgeber betätigten, wo das Ich der Kinder diese Funktion noch nicht selbst übernehmen konnte. Signalgeben, das bedeutete seitens der Erzieher(innen), das Kind rechtzeitig vor einer Situation zu warnen, die es in Gefahr bringt, die Selbstkontrolle zu verlieren, weil Spannungen entstehen, die unerträglich werden" (ebd., 67).
Die Konstituierung von Hilfs-Ichs ist m.E. um so wichtiger, je schwer-erziehbarer und aggressiver die jeweiligen Klienten sind.
Die Ich-Stützung hatte für *Redl*s Erziehungskonzept offenbar eine größere Bedeutung als für *Aichhorns*. Letzterer war wohl ganz besonders dafür prädestiniert, mit einfachsten Mitteln, eine positive Übertragung beim Zögling anzuregen. Auch war seine Klientel wohl etwas günstiger; sie stammte zumindest nicht aus den Slums von Großstädten wie bei *Redl*.

9. Für das pädagogische Verhalten ist besonders relevant u. a.

a) der Versuch des Pädagogen, dem Kinde in seinem Denken mit gleichem, kindgemäßen Denken zu begegnen;

b) eine gewisse Anregung oder Ermutigung des Educandus zu weiterer Phantasie- ggf. auch Spiel-Entfaltung (anstatt der nicht selten praktizierten Unterdrückung kindlicher Phantasieproduktionen); denn kindliche Phantasieproduktionen haben eine wichtige Funktion sowohl für die Bearbeitung von Problemen und Konflikten als auch als Lernphase einer Einübung in die Realwelt;

c) die dialogisch-persönliche Anregung des Klienten zur "positiven Übertragung" ("Liebe als Erziehungsmittel") und

d) das Mitagieren und/oder Ablenken in Abhängigkeit von dem jeweils anzuregenden Entwicklungsschritt des Educandus und der jeweiligen erzieherischen Situation.

Bevor diese voranstehenden Thesen auf der Grundlage exemplarischer Zugänge veranschaulicht und ggf. auch argumentiert werden, wird jedoch noch einiges - als theoretisch-begriffliche Ausgangsbasis - zum Verständnis von Pädagogik und Psychoanalyse zu sagen sein.

2 Zum Verständnis von Pädagogik

2.1 Meine Rezeption von wissenschaftlicher Pädagogik

Neben einer spezifischen Bedeutung, die eine Entfaltung meines Pädagogik-Verständnisses insbesondere für den theoretischen Teil dieser Arbeit hat, dürfte diese folgende Abhandlung auch aus einem zweiten Grunde besonders wichtig sein. Da an verschiedenen Stellen meiner Ausführungen, in einer wissenschaftstheoretischen Beleuchtung - zumindest in einigen Anhaltspunkten -, deutlich geworden sein dürfte, daß ich mit einer emanzipatorisch-dialektischen Erziehungswissenschaft und einer hermeneutisch verstehenden und auf Ich-Stärkung des Educandus besonders ausgerichtete Methode sympathisiere, und gleichzeitig meinerseits ein gewisses "Angetan-Sein", eine sympathisierende Hinwendung zu pädagogischen Gedanken und Konzepten eines *Aichhorn* und *Zulliger* recht offensichtlich ist beziehungsweise weiter unten noch wird, scheint mir auch von daher eine Darstellung meines Verständnisses von Pädagogik notwendig, um einem sonst möglicherweise beim Leser dieser Arbeit aufkommenden Verdacht einer vorhandenen kognitiven Dissonanz meinerseits auszuräumen.

Zunächst möchte ich zwei kurz gefaßte, abstrakte Begriffsdefinitionen voranstellen, um sie anschließend weiter zu differenzieren:
1. Bezug nehmend auf *W. Böhm* soll unter Pädagogik sowohl das Handeln des Erziehers (einschließlich alldem, was dieses Handeln bedingt und hervorbringt) als auch die Theorie der Erziehung (Erziehungswissenschaft einschließlich ihrer Metatheorie) verstanden werden (vgl. *Böhm* 1982, 401).
2. "Man kann sagen, daß heute in der Regel unter Erziehung der Teil der Vergesellschaftung des einzelnen verstanden wird, der mit Absicht und Ziel sowie bewußt oder unbewußt nach pädagogischen Regeln in der Interaktion von Menschen gefördert wird..."(*Wulf* 1980, 187).

Mit der hier anschließenden begrifflichen Rezeption soll einiges mir wichtig erscheinendes zum Verständnis von Pädagogik hergeleitet, entfaltet und erläutert werden:
Im historischen Rückblick bilden pädagogische Probleme seit dem griechischen Altertum einen festen Bestandteil der abendländischen Philosophie. Mit

Rousseau, *Pestalozzi* und *Schleiermacher* deutete sich eine wesentliche Veränderung des pädagogischen Gegenstandes an. So wurde das mit dem Aufwachsen der jungen Generation gegebene Problemfeld nicht mehr als deduktiver Anwendungsfall philosophischer Theoreme angesehen, sondern unter der Bezeichnung "Erziehungswirklichkeit" als ein relativ autonomes kulturelles Subsystem der Gesellschaft (vgl. ebd., 200). Und es war wiederum *Rousseau* von dem *Herbart* einmal gesagt hat, daß ohne dessen Einstellung auf das Individuell-Persönliche eines Zöglings das wahre Wesen der Erziehung nicht zutage gekommen wäre (vgl. *Weber* 1976, 37). Was aus dem einzelnen zur Erziehung dargebotenen Subjekt werden oder nicht werden könne, das sei die wahre pädagogische Frage, die dem Begriff der Pädagogik entspreche. Mit anderen Worten, der Pädagoge darf den zu Erziehenden nicht nur so sehen, wie er ist, sondern muß ihn auch als den entwerfen, der er zu werden vermag (vgl. *Nohl* zit. n. *Loch* 1966, 191).

Stand bis dahin (bevor *Rousseau* seine gesellschaftskritischen und erzieherischen Schriften publizierte) Pädagogik noch weitgehend im Dienst objektiver Aufgaben und das Individuum war nur der unwesentliche Träger objektiver Ziele, die von Staat, Kirche, Wissenschaft, Stand und Beruf vorgegeben waren, so änderte Pädagogik also jetzt radikal ihr Selbstverständnis und stellte sich in das Individuum und sein subjektives Leben (vgl. *Weber* 1976, 37). War das Kind bis dahin das willenlose Geschöpf, das sich der älteren Generation und ihren Zwecken anzupassen hatte und dem die objektiven Formen eingeprägt wurden (vgl. ebd.), so wird es jetzt in seinem eigenen spontanen produktiven Leben gesehen, hat seinen Zweck in ihm selber, und der Pädagoge muß seine Aufgaben, ehe er sie im Namen der objektiven Ziele wahrnimmt, im Namen des Kindes sehen. Mit dieser Abwendung von den gesellschaftlichen und kulturellen Objektivitäten hin zur Individualität und Subjektivität des Kindes wurde es erst möglich, die Welt des Kindes zu entdecken und die - auch für das erzieherische Verhältnis - wichtigsten pädagogischen Begriffe zu entwickeln: wie die Entwicklung der Individualität, Selbsttätigkeit und Selbstverwaltung, des Selbstwertes jedes Momentes im Zusammenhang der Entwicklungsabschnitte menschlichen Daseins, die Ausbildung des ganzen Menschen (vgl. ebd., 38). Und es ist wohl ein besonderes Verdienst *Nohl*s, der übrigens auch als einer der ersten die besondere Bedeutung der Psychoanalyse für die Pädagogik erkannt hat, daß er die Erkenntnis hervorbrachte und postulatorisch proklamierte, daß eine geistige Durchdringung und begriffliche Ordnung vergangener und nicht zuletzt auch der Kindheitserfahrungen eine wichtige Aufgabe für jeden Menschen sei (vgl. *Loch* 1966, 197). Die *Freud*sche Entdeckung der grundlegenden und prägenden Wirkung der frühkindlichen Lebenserfahrung aufgreifend gelangte er zu diesem obigen Postulat, das für jeden Menschen eine notwendige Aufgabe darstellt, um sich selbst durchsichtiger und Herr über sich selbst werden zu können (vgl. ebd.).

Der grundlegende Wesenszug des Menschen, daß er sich fortwährend selbst transzendiert, daß er in jedem Augenblick seines Lebens diese bestimmte Person mit ihren Vorzügen und Mängeln ist und zugleich darüber hinaus eine bestimmte Person mit diesen und jenen ihm als erstrebenswert erscheinenden Eigenschaften und Positionen sein will: diese doppelte Natur des Menschen schafft den seine Selbstverwirklichung bewegenden Gegensatz zwischen seinem realen und seinem idealen Ich. So entsteht in der Person selbst ein erzieherisches Verhältnis; unzufrieden mit der gegebenen Verfassung beginnt sie, sich selbst in Richtung auf eine höhere Verfassung zu erziehen. *Nohl* setzt diesen Willen zur Selbstverwirklichung als eine ursprüngliche Bedingung der Möglichkeit der Erziehung an. Somit ergibt sich die pädagogische Grundeinstellung und die Bestimmung pädagogischen Verstehens - als die der Natur des Educandus adäquate anthropologische Erkenntnishaltung des Erziehers - aus einer Dialektik von realistischem und idealem Verstehen (vgl. ebd., 192). Denn eine Wahrnehmung des Educandus nur in seiner realen Gegebenheit, ohne Einbeziehung seiner idealen Möglichkeiten, würde seine Weiterentwicklung blockieren und damit Erziehung - wie *Nohl* sie wohl auch schon mehr oder weniger richtig begriff - im Sinne eines hilfreichen Ermöglichens von Lern- und Bildungsprozessen vereiteln. Nur da die geisteswissenschaftliche Pädagogik, und somit auch *Nohl* nicht ausgenommen, die Verflechtungen zwischen Gesellschaft und Erziehung nicht oder nur ganz unzulänglich erforschte, wurden deshalb entscheidende Voraussetzungen und vielfach ungewollte Wirkungen der Erziehung noch nicht erkannt bzw. ignoriert (vgl. *Klafki*, 1976, 42).

Wichtig scheint mir die Forderung zu sein - und damit beziehe ich mich unter anderem auf *Scarbath* und *Bittner* -, daß jeder Pädagoge zugleich auch Sozialpädagoge sein muß. - *Nohl* hat sein Verständnis von Sozialpädagogik mit Hilfe zur Selbsthilfe umschrieben (vgl. *Böhm* 1982, 392). Der Sozialpädagogik kommt - wie *Nohl* artikulierte - die primäre Aufgabe zu, ihren Adressaten in ihren Handlungs-, Orientierungs- und Lerndefiziten Hilfe zur Selbsthilfe zu vermitteln. Sozialpädagogik soll ihre Klientel in den Problemen verstehen, die sie in sich selbst haben und sie in diesen ihren eigenen Schwierigkeiten stabilisieren und in Schutz nehmen gegenüber denen, die mit ihnen Probleme haben, die sie also in fremde und äußere Normen hineinzwängen wollen (vgl. *Thiersch* 1984, 16). Mit anderen Worten, es geht hier um eine Art von "Anwaltspädagogik" - und damit um einen entscheidenden Schritt zur Professionalisierung der pädagogischen Berufe überhaupt -, die das Handeln des Erziehers unter die Maxime stellte, daß er das Recht des Kindes und Jugendlichen zu vertreten und die Ansprüche der Gesellschaft einer "Umformung" zu unterziehen habe (vgl. *Wulf* 1980, 190). Die Feststellung, daß eine verbreitete sozialpädagogische Praxis unserer Tage von dieser *Nohl*schen Zielsetzung immer noch mehr oder weniger weit entfernt ist, könnte als ein Beleg für eine gewisse Progressivität dieser *Nohl*schen Forderung gewertet werden. Andererseits, und damit komme ich zu meiner Kritik an *Nohl* und der geisteswissenschaftlichen Pädagogik, ist Sozialpädagogik, als "Hilfe zur Selbsthilfe" wie *Nohl* sie konzipierte, als eine Individualhilfe sui generis, teilweise auch nach dem Muster des barmherzigen Samariters angelegt. Da sie einer explizit gesellschaftskritischen Komponente und gesellschaftsverändernden Stoßrichtung weitgehend entbehrt, ist sie eher als Nothilfe und punktuelle Augenblickshilfe zu verstehen und nur wenig geeignet, zu sozialstrukturellen Veränderungen und einem Abbau sozialer Mißstände einen Beitrag zu leisten. In Ermangelung gesellschaftstheoretischer und gesellschaftskritischer Analysen (Ideologiekritik) konnte von ihr nicht hinreichend erkannt werden, daß die Nöte der sozialpädagogischen Klientel zu einem beachtlichen Teil struktur- und systembedingt sind. Und ich bin der Auffassung (mit *Klafki*), daß dieser Mangel nicht vollends eine notwendige Konsequenz der hermeneutischen Methode ist, sondern zum Teil der Ausdruck einer gewissen Enge der traditionellen Fragestellung dieser Pädagogik (vgl. *Klafki*, 1976, 42).

Nohl betrachtete die Erziehungswirklichkeit als einen abgesonderten Bereich gesellschaftlich-kulturellen Lebens, die er durch seine Kategorie des pädagogischen Bezugs bestimmte. Zwar trifft es, wie gesagt, nicht zu, daß die Pädagogik *Nohl*s in ihrer Konzentration auf den pädagogischen Bezug und das dialogische Verhältnis von Erzieher und Educandus soziale und politische Aspekte - wie vereinzelt unterstellt wird - vollends ausblendet. (So wurde von der geisteswissenschaftlichen Pädagogik z.B. das Problem der Macht in der Erziehung durchaus thematisiert (vgl. *Scarbath* 1978, 287).) Aber eine

"Erweiterung des Grundmusters des 'pädagogischen Bezugs'[16] zu einem Gesellschaftsbezug, der auch eine Arbeit an den institutionellen, politischen und ökonomischen Rahmenbedingungen von Erziehung ausdrücklich als ein Handeln begreifen läßt, das erziehungswissenschaftlicher Verantwortung aufgegeben ist" (*Scarbath* 1979, 215) wurde von der *Nohl*schen und geisteswissenschaftlichen Pädagogik noch nicht hinreichend geleistet.

Andererseits ist *Nohl*s pädagogische Antinomie, daß die Gesellschaft die Individuen für sich braucht und nicht nach Selbstzweck und Eigenwert der Individuen fragte, durch die individuelle Gestaltung des erzieherischen Verhältnisses allein nicht umfassend zu lösen; sie ist vielmehr nur lösbar, wenn die Gesellschaft selbst ihre Einwirkung auf die Erziehungspraxis u. a. auch nach pädagogischen Gesichtspunkten prüft, kontrolliert und korrigiert (vgl. *Benner* 1983, 296).

So verstand sich zum Beispiel die historische Psychoanalytische Pädagogik in den 20er Jahren bereits auch als Gesellschaftskritik. Und seit den 60er Jahren entwickelte sich im Anschluß an die "Frankfurter Schule" eine sogenannte kritische Erziehungswissenschaft (*Blankertz*, *Mollenhauer*, *Klafki*, *Lempert* und andere), die die pädagogische Zielperspektive nicht auf Mündigkeit beschränkte, sondern die Emanzipation des einzelnen wieder hinein in den gesellschaftlichen Emanzipationsprozeß stellte (vgl. *Wulf* 1980, 190). (Bereits die frühbürgerliche Pädagogik der Aufklärung vertrat das emanzipatorische Interesse, daß alle Menschen zu sich selbst finden, sich voll entfalten und ihre

---

[16] *Nohl* definiert den pädagogischen Bezug als das "leidenschaftliche Verhältnis eines reifen Menschen zu einem werdenden Menschen, und zwar um seiner selbst willen, daß er zu seinem Leben und seiner Form komme" (*Nohl* zit. n. *Tischner* 1985, 17). Das pädagogische Verhältnis stellt ein unsymmetrisches, zielgerichtetes Verhältnis dar, das nicht Selbstzweck ist und der Führung des Educandus dient (vgl. *Tischner* 1985, 18). Interessanterweise wies *Nohl* bereits 1926 darauf hin, daß *Aichhorn* durch die Einführung des psychoanalytischen Begriffs der "Übertragung" zu einer originären und präziseren Fassung des "pädagogischen Bezugs" gelangte (vgl. *Nohl* 1926, 154). Als das Besondere an *Aichhorns* Fassung des "pädagogischen Bezugs" stellt *Bittner* heraus: "Das analytische Modell der Übertragung (d. i. die Reproduktion früherer Erlebnis- und Verhaltensweisen) hilft dem Erzieher, sich ständig bewußt zu bleiben, daß es sich um ein solches Verhältnis der Stellvertretung handelt [...] Der analytisch denkende Erzieher ist in der Lage, die ihm entgegengebrachten Gefühle zugleich in einem guten Sinne unpersönlich zu nehmen [...] Er wird stellvertretend zum Vater oder zur Mutter - in einer Weise, die den Jugendlichen nicht festlegt, die ihm Freiheit läßt, sein eigenes Lebensgesetz zu finden" (*Bittner* 1967, 149 f.). (Zur weiteren Explikation des pädagogischen Bezugs vergleiche die Ausführungen von *Lee* (1989).)

Geschichte bewußt planen können sollten (vgl. ebd., 189).) Mit dieser Erweiterung der pädagogischen Zielperspektive wurde allerdings ein breites Spektrum recht unterschiedlicher Impulse und Orientierungen für eine "Kritische Erziehungswissenschaft" hervorgebracht (vgl. *Moser* 1979, 121). Unter dem Anspruch eines "emanzipatorischen Erkenntnisinteresses" (*Habermas*) wird der historisch-gesellschaftliche Charakter der Erziehung und die Notwendigkeit ihrer Orientierung unter anderem an einer kritischen Theorie der Gesellschaft betont (vgl. *Claußen* 1979 b, 13). - In diesem Sinne habe es der "Kritischen Erziehungswissenschaft" - nach *B. Claußen* - um eine dialektisch-emanzipatorische Kritik zu gehen. Sie ist weder eine rein hermeneutische noch eine rein empirische Wissenschaft, sondern sie beansprucht für sich eine kritisch-dialektische Verfahrensweise, um der Gefahr einer bloßen Systemimmanenz zu entgehen und transzendentale Aspekte zu vitalisieren (vgl. ebd., 16).

Oder wie *Mitscherlich* sagte:

> "Erziehung muß in sich selbst eine dialektische Funktion erfüllen: Sie muß in die Gesellschaft einüben und gegen sie immunisieren, wo diese zwingen will, Stereotypen des Denkens und Handelns zu folgen statt kritischer Einsicht" (*Mitscherlich* 1963, 33).

Eine kritische Einsicht mag auch implizieren, daß der praktische Wert der Hermeneutik (z.B. aktualisiert in der Psychoanalyse) und der technische Nutzen der Empirie (im Sinne der Ermittlung realitätsbezogener Daten) integrale Bestandteile einer Pädagogik sein müßten. Bzw. Hermeneutik und Empirie müßten unter der Fragestellung nach dem cui bono integriert und erweitert werden (vgl. *Claußen* 1979 b, 16).

Das erweiterte Programm solcher kritischen Pädagogik habe sich der Bemühung

1. um Befreiung des einzelnen aus Zwängen aller Art,

2. um Aufhebung und Abwehr irrationaler Herrschaft und

3. um Erhaltung der Verfügung der Erziehung über sich selbst zu verpflichten (vgl. *Wulf* 1977, 197).[17]

---

[17] In Anbetracht der Tatsache, daß bis heute noch eine beachtliche Diskrepanz zwischen den Zielsetzungen kritischer Pädagogik und den bislang erarbeiteten Methoden zu ihrer Verwirklichung besteht, scheinen mir die hier (in den nachfolgenden Kapiteln) behandelten Pädagogen *Aichhorn* und *Zulliger*; insbesondere in bezug auf ihr konkretes pädagogisches Handeln, den drei oben propagierten theoretischen Postulaten doch schon

Zwar scheint mir ein solches Verständnis von Pädagogik in gewisser Hinsicht recht bestechend, dennoch möchte ich zwei Einwände dagegen vorbringen.

Erstens (1) habe ich in Anlehnung an *H. Scarbath* auch meine Bedenken gegenüber dem Attribut "kritisch". Denn im Grunde erübrigt es sich, da es zum allgemeinen Selbstverständnis von Wissenschaft gehört, kritisch zu sein. Andererseits stellen "kritische Erziehungswissenschaft" und "emanzipatorische Pädagogik" offenbar kein theoretisch konsistentes Gebilde dar. Das Beiwort "kritisch" scheint von daher zur Kennzeichnung einer erziehungswissenschaftlichen Position kaum geeignet (vgl. *Scarbath* 1979, 211). Die verschiedenen philosophisch-aufklärerischen, christlich-personalistischen, marxistisch-materialistischen und kritisch-theoretischen Orientierungen, die sich unter dem Anspruch einer kritisch-emanzipatorischen Erziehungswissenschaft herausgebildet haben (vgl. hierzu weitere Erläuterungen von *Scarbath* (1979), *Thiersch* (1978), *Mollenhauer* (1976), *W. Flitner* (1980), *Wulf* (1977), *D. Hoffmann* (1978), *R. Uhle* (1976) und andere), lassen sich offenbar nicht in ein hinreichend konsistentes und einheitliches Programm einer Kritischen Erziehungswissenschaft integrieren (vgl. ebd.).

Zweitens (2) nehme ich in den obigen Formulierungen einer Kritischen Erziehungswissenschaft auch eine gewisse verabsolutierende Tendenz wahr (vgl. ebd. 216 f.). Hält sich doch hier der Vertreter einer "Kritischen Erziehungswissenschaft" dafür kompetent und legitimiert, allein zu entscheiden, worin der praktische Wert hermeneutischer und der technische Nutzen empirischer

---

ziemlich nahe zu kommen. Man entnehme nur ihren Schilderungen, wie gut sie es doch verstanden, administratives und behördliches Einwirken in ihr erzieherisches Geschäft weitgehend zurückzuweisen und sich eine gewisse pädagogische Autonomie zu bewahren. Dabei waren sie von Fall zu Fall auch bereit, ihr eigenes Prestige als Pädagoge für ihre pädagogische Überzeugung zur Disposition zu stellen (Zivilcourage).
Das zeigte sich z.B. in ihrer Einstellung sowohl gegenüber dem Erziehungsmittel der Strafe, die sie entgegen einer traditionell verbreiteten Auffassung mehr oder weniger als pädagogisch ungeeignet zurückwiesen, als auch (bezogen auf *Aichhorn*) gegenüber einer vermeintlichen peniblen äußeren Ordnung, wie sie damals in Erziehungsheimen gang und gäbe und die kaum kindgemäß war sowie (bezogen auf *Zulliger*) in der Anwendung der Spaziergangstherapie, für die die Landbevölkerung in Ittingen wenig Verständnis aufbringen konnte. Und sie verstanden es frappierend gut, eine adäquate "erzieherische Atmosphäre" in Schulklassen und Erziehungsheimen zu stiften, die von unnötigen Zwängen befreit war. - Dagegen nehme man als Kontrastbeispiel zur pädagogischen Praxis der genannten Autoren (*Aichhorn, Zulliger*) nur die Beschreibung von *D. Mattner* (1987) eines Heimalltages. Als kundiger Leser düfte man wohl erschüttert darüber sein, wie wenig einige dieser gegenwärtigen Institutionen von diesen Autoren gelernt haben.

Untersuchungen jeweils bestehe und welche Bezüge daraus in eine Kritische Erziehungswissenschaft zu integrieren seien. Zu fordern wäre doch eine hinreichend selbstkritische Erziehungswissenschaft, die notwendigerweise zur Bestimmung der Leistungsfähigkeit und Grenzen unterschiedlicher Paradigmata und wissenschaftlicher Verfahren sich in einen wechselseitigen auf Ergänzung und Korrektur angelegten interparadigmatischen Dialog zu begeben habe (vgl. ebd., 219). Das bedeutet, es wird z.B. von konservativer oder "postmoderner" Seite der Verdacht geäußert, daß "kritische Erziehungswissenschaft" versehen mit dem Etikett "verfehlte Bemühungen" bereits in dem Archiv pädagogischer Dogmengeschichte gelandet sei (vgl. ebd., 208). Andererseits lassen sich möglicherweise in einer kritisch-theoretisch orientierten Erziehungswissenschaft zukunftsweisende und praktisch ertragreiche Impulse nachweisen, die dann aber mit einem solchen "Abgesang" - wie *Scarbath* diese "postmoderne" Tendenz bezeichnete - nicht preisgegeben werden dürften. *H. Scarbath* stellt eine Reihe unverzichtbarer Elemente "kritischer Erziehungswissenschaften", die in eine "kritisch-konstruktive" (*Klafki*) oder "mehrperspektivisch-dialogische Erziehungswissenschaft" (*Scarbath*) einzubringen seien, in der folgenden Übersicht zusammen (vgl. ebd., 215):

(1.) "Systematische Berücksichtigung und kontrafaktische Ermöglichung des Subjektcharakters des 'Gegenstands', besser der Partner (Educandus, Erzieher) auch im Forschungsprozeß und in den Weisen der Vermittlung von 'Ergebnissen';

(2.) Erweiterung des Grundmusters des 'pädagogischen Bezugs' zu einem Gesellschaftsbezug, der auch eine Arbeit an den institutionellen, politischen und ökonomischen Rahmenbedingungen von Erziehung ausdrücklich als ein Handeln begreifen läßt, das erziehungswissenschaftlicher Verantwortung aufgegeben ist;

(3.) Einbezug des Wert- und Normenproblems von Bildung und Erziehung in das erziehungswissenschaftliche Aufgabenbewußtsein unter Rückbezug auf ein 'emanzipatorisches Erkenntnisinteresse' (*Habermas*), das heißt: eine an Freiheit, Gleichheit und Mitmenschlichkeit und am Abbau der diesen Zielen entgegenstehenden Barrieren orientierte, zugleich wissenschaftliche wie praktisch-ethische Intention;

(4.) Handlungsbezug von Erziehungswissenschaft im Sinne einer Aufklärungs- und Anleitungsfunktion, in der - dank Transparenz der Forschungsschritte und praxisbezogener 'Verflüssigung' von tendenziell erstarrenden 'Ergebnissen' - Erziehungspraxis kommunikativ angeregt und nicht manipulativ beherrscht wird, in der somit 'Erforschte' und 'zu Informierende' in tendenziell gleichrangigem Bezug zu den Forschenden stehen" (ebd., Nummerierung wurde vom Verf., *M.G.*, vorgenommen.).

Unter dem obigen Postulat einer kontrafaktischen Ermöglichung des Subjektcharakters des Educandus sei - mit Bezug auf *Scarbath* - zu verstehen, daß dieser, bereits im Kleinkindalter bzw. von Geburt an, entgegen allen Augenscheines seines faktischen Entwicklungsstandes als Person wahrgenommen wird bzw. daß der Mensch immer schon Person ist und zugleich Person wird in einem tendenziell lebenslangen Prozeß. Damit soll eine herrschaftlich-verfügende, manipulative Komponente eines vermeintlich erzieherischen Umganges mit dem Kinde und somit die verbreitete Auffassung des Kindes als "defizienter Modus des Menschseins" zurückgewiesen werden.

Auf die Nichteignung des Begriffs "kritisch" zur programmatischen Kennzeichnung von Erziehungswissenschaft und die Gefahr einer Dogmatisierungsund Verabsolutierungstendenz einer Kritischen Erziehungswissenschaft wurde oben bereits hingewiesen. Mit der Bemühung um Vermeidung solcher Tendenzen fordert *Scarbath* ein mehrperspektivisch-dialogisches Verständnis von Wissenschaft resp. Erziehungswissenschaft.

Bevor ich dieses Wissenschaftsverständnis, dem ich mich ausdrücklich anschließen möchte, in aller hier gebotenen Kürze rezipieren werde, möchte ich noch ein hiermit im Zusammenhang stehendes Grundsatzproblem kurz ansprechen, nämlich das häufiger vertretene wissenschaftstheoretische Postulat der Methodenreinheit bzw. Methodenunverträglichkeit: So wird interessanterweise u. a. von *Kuhn* (1976) die m.E. wichtige Auffassung weitgehend vertreten, daß eine starre Fixierung auf ein Paradigma tendenziell sowohl zu einer perspektivistischen Verengung der Problemsicht und Wahrnehmung von Phänomenen und häufig zu einer Intoleranz gegenüber anderen Theorien führe als auch Wissenschaftlern normalerweise den Anspruch und Ansporn nehme, neue Theorien zu finden, weil sie dann in der Regel von ihrem Paradigma sich trennen müßten (vgl. *Hoffmann* 1978, 17). Gleichzeitig vertritt *Kuhn* merkwürdigerweise die Auffassung, daß aus wissenschaftstheoretischen Gründen verschiedene Paradigmata sich gegenseitig ausschließen. Dagegen wird z.B. von *Thiersch* aus pragmatischem Interesse die Möglichkeit einer Integration von hermeneutischen und erfahrungswissenschaftlichen Verfahren hervorgehoben, die er allerdings zunächst auf eine Theorie mittlerer Reichweite beschränkt wissen möchte (vgl. *Thiersch* 1966, S. 3 ff.). Denn wenn es nicht nur darum gehen soll, Normen zu postulieren, sondern auch Wege zum Erreichen solcher Normen vorzuschlagen, dann müssen erstmal zweck- und normentsprechende Wege auf verläßliche Weise gefunden werden. Dazu bedarf es aber der kontrollierten Beobachtung, also einer empirischen Pädagogik.

Auch *Klafki* postuliert in diesem Sinn, daß die drei großen Ansätze der Erziehungswissenschaft, die geisteswissenschaftliche, die erfahrungswissenschaftliche und die gesellschaftskritische Position keinesfalls einander ausschließende Wissenschaftsrichtungen darstellen, sondern im Gegenteil erst durch eine Integration ihren Aufgaben hinreichend gerecht werden können (vgl. *Klafki* 1976, 48). Und auch *Scarbath* kritisiert ganz dezidiert - was mir besonders wichtig ist - einen immer noch ziemlich verbreiteten Paradigmafetischismus, den wir uns angesichts drängender Praxisfragen nicht leisten können und fordert konkret "ein Modell der wechselseitigen Korrektur und Ergänzung von Paradigmata im einzelnen Forschungsprozeß. (Projektforschung mit interdisziplinär bzw. interparadigmatisch zusammengesetzten Teams.) [...] Die [...] Erträge und Impulse des Konzepts 'kritische Erziehungswissenschaft' wären in eine solche Arbeit ebenso einzubringen wie die einer methodisch reflektierten und für die Normenfragen aufgeschlossenen empirischen Pädagogik" (*Scarbath* 1979, 220).

"Sachgerechtigkeit und Reichhaltigkeit der erziehungswissenschaftlichen Arbeit", so lautet eine These von *H. Scarbath*, "sind nur dann gewährleistet, wenn wir uns zu einem mehrperspektivisch-dialogischen Wissenschaftsverständnis bereitfinden.
Ein solches Verständnis der Human- bzw. Sozialwissenschaften und darin der Erziehungswissenschaft würde dazu führen, Leistungsfähigkeit und Grenzen unterschiedlicher Paradigmata und wissenschaftlicher Verfahren an konkreten Problemen heutiger Erziehungspraxis zu erproben, und zwar im Interesse wechselseitiger Ergänzung und Korrektur. Dialogisch wäre solche Erziehungswissenschaft in zweifacher Weise: Zum einen würde sie die vielfach beschworene, aber angesichts des Streits der wissenschaftlichen Schulen nur begrenzt eingelöste Idee der Kommunikationsgemeinschaft der Wissenschaftler exemplarisch zu verwirklichen suchen. Zum anderen würde sie sich, Anregungen insbesondere aus der Rollendefinition des Handlungsforschers aufnehmend, in einen Dialog mit den Erziehungspraktikern und mit den Kindern und Jugendlichen selbst zu begeben suchen" (ebd., 219).

Mit diesen Postulaten geht es *Scarbath* offenbar um Pädagogik als Wissenschaft und Theoriebildung mit einer besonderen Relevanz für die pädagogische Praxis. Und *Scarbath* hat andererseits verschiedentlich auch auf die pädagogische Relevanz eines angemessenen Verständnisses von Person und die Auffassung des Educandus als Person, wie auch auf die grundlegende Bedeutung des Dialogs für die Erziehungspraxis, hingewiesen. -
Einem mehrperspektivisch-dialogischen Verständnis von Erziehungswissenschaft geht es, wie mit der obigen Rezeption der Ausführungen von *Scarbath*

deutlich geworden sein dürfte, um eine optimale Bewältigung pädagogischer Problemkonstellationen und dabei primär um Abwehr dogmatischer und Verabsolutierungstendenzen. Letztere werden ebenfalls, wenn auch auf einer anderen Ebene, von einer personorientiert-dialogischen Erziehungspraxis zurückgewiesen, denn Personorientierung bedeutet ja ein Ausgang vom Kinde, d.h. von seiner Mentalität und seinen charakterlichen Dispositionen bzw. in einer Negativ-Bestimmung, daß weder der erzieherische Rahmen bestimmter Ordnungs- und Umgangsregeln noch spezielle Erziehungsziele ein für allemal festgeschrieben sind. Nach *Kant* gründet die Würde der menschlichen Person darin, daß sie stets Selbstzweck und niemals nur Mittel für etwas ist. Und das wiederum bedeutet, daß die personorientiert-dialogische Erziehungspraxis dem obigen mehrperspektivisch-dialogischen Wissenschaftsverständnis, jeweils auf unterschiedlicher Ebene, korrespondiert: Das heißt, Pädagogik als Wissenschaft und Theoriebildung korrespondiert somit, in diesem Verständnis, einer Pädagogik als Praxis und Praxiszusammenhang und damit, wie nachfolgend zu demonstrieren ist, Erziehungskonzepten von *Aichhorn* und *Zulliger*.

2.2 Zur Pädagogik A. Aichhorns und H. Zulligers

Es wurde also oben behauptet, daß *Aichhorn*s und *Zulliger*s Erziehungskonzepte jeweils einer personorientiert-dialogischen Erziehungspraxis entsprechen. Um dies nachweisen bzw. belegen zu können, müssen die Definitionsmerkmale von "Person"[18] mit den wesentlichen Merkmalen ihrer Erzie-

---

18 Mit dem Begriff "Person" sei besonders hervorzuheben die individuelle Einmaligkeit des Menschen als Leib-Seele-Geist-Einheit, als ein Wesen mit unteilbarer, unvergleichbarer Würde im Reich der Lebewesen. Wobei diese Würde, nach Auffassung *Kant*s, wie gesagt, darin gründet, daß sie niemals nur Mittel für etwas, sondern stets Selbstzweck ist. Wie bereits ausgeführt wurde, ist der Mensch von Anfang an immer schon Person und wird zugleich Person in einem tendenziell lebenslangen Prozeß (zur weiteren Erläuterung siehe *Gerner, B.* 1966, 217 f. und *Guardini, R.* 1955, 133 ff.). Letzterer verweist u. a. darauf, daß der Mensch wesentlich auf das Du angewiesen, des Dialogs fähig und bedürftig sei (*Guardini* u. a.) und daß mit der Orientierung an Mitmensch und Sache, wie sie sich in Dienstbereitschaft und Verantwortung äußert, unvermeidbare Konflikte und unaufhebbare Spannungen zum menschlichen Leben gehören (vgl. *Speck* 1970b, 289). Die menschliche Person erfährt die auf sinnvollen Vollzug gerichteten Antriebe einerseits von seiten der menschlichen Natur und zum anderen von den mitmenschlichen Anforderungen her, denen sie in freien Entwürfen zu entsprechen hat (vgl. *Hartmann* 1966, 237). Das Erreichte ist also nie sicherer Besitz, sondern muß sich in immer neuen Begegnungen neu bewähren. Im Hinweis auf die Person ist aber, angesichts dieser Verunsicherungen des menschlichen Lebens, auch

hungskonzepte im Einklang stehen und auch die Dialog-Orientierung jeweils für das pädagogische Geschäft von *Aichhorn* und *Zulliger* typisch sein. Ein umfassendes Verständnis oder ein philosophisch abgehobener Begriff von Person soll hier allerdings nicht referiert werden, das wäre im Rahmen dieser Arbeit wohl nicht vertretbar, sondern es geht mir hier primär um solche Anmerkungen zum Person-Verständnis, die entweder eine spezifische pädagogische Relevanz haben oder zumindest sich unschwer mit Praxis in Verbindung bringen bzw. gar in Praxiszusammenhänge integrieren lassen.

Die Begriffsfassung der "Personalität" fungiert als ein wichtiges Differenzierungsmerkmal pädagogischen Denkens. Der Personbegriff hat sich in systematischen Arbeiten zur Erziehungstheorie ebenso wie in Bildungsplänen und Schulgesetzen überall dort eingebürgert, wo es um Kennzeichnung des "Menschlichen im Menschen", des "spezifisch" oder "eigentlich" Menschlichen geht. Dabei hat er vielfach den Begriff "Persönlichkeit" verdrängt (vgl. *Speck* 1970b, 288). In der Auseinandersetzung mit dem neuhumanistischen Persönlichkeitsideal haben verschiedene Autoren - wie *Weniger, Litt, Froese, Klafki, Ballauff* u. a. - teils von unterschiedlichen Positionen aus die Momente der Harmonie, die Überbetonung der Individualität und die Vorstellung eines kontinuierlichen Fortschreitens der Selbstvervollkommnung, als Leitvorstellung für das Erziehungsdenken in der Gegenwart, relativiert, um die vielfältigen Momente der menschlichen Wirklichkeit in einer systematischen Persönlichkeitstheorie zu berücksichtigen (vgl. ebd., 289).

Für die Bestimmung des personalen Seins sind sowohl der Aspekt der "Ich-Selbständigkeit" als auch der des dialogischen Bezugs besonders anzusprechen. In der Aufdeckung der relationalen Struktur der Person wird die pädagogische Dimension erreicht, die im Pädagoge-Klient-Verhältnis im allgemeinen und im Lehrer-Schüler - und Schüler-Schüler-Verhältnis im besonderen sich konkretisiert. Daraus ergeben sich unmittelbar praktische Konsequenzen für das pädagogische Verhältnis, wie die Bemühung des Pädagogen den einzelnen Educandus bzw. Schüler auch individuell anzusprechen, ihn zu bestätigen und anzuerkennen, seinen Gesprächsanteil bei aller Vorläufigkeit wirklich ernstzunehmen usw. (vgl. *Hartmann* 1966, 238).

Besonders im Blick auf die Schule als Institution sei darauf hingewiesen, daß, unter dem Vorzeichen der Mängelhaftigkeit und Instinktunsicherheit des

---

die Möglichkeit des Menschen zur Selbstbehauptung und Verwirklichung seiner Menschlichkeit mitanzusprechen (vgl. *Speck* 1970b, 289).

36

Menschen, der Institution eine Entlastungsfunktion zukommt, da die Ausbildung von Rollenschemata und Verhaltensregeln die Motivbildung entlastet und das Verhalten berechenbar macht. Allerdings darf nicht übersehen werden, daß eine totale Entlastung zur totalen Anpassung, Außensteuerung und Konformität führt. Damit zeigt sich ein Widerspruch zur Einmaligkeit und Verantwortlichkeit der Person, der, bei aller geforderten Anpassung und Gewöhnung, auf die Gefahr einer Institutionsverfallenheit und der damit verbundenen Unmündigkeit hinweist. Letztere kann nur gebannt werden, wenn die Heranwachsenden lernen, auch innerhalb der Institution ihr Handeln verantwortlich zu argumentieren und zu motivieren (vgl. ebd., 239).

Aus *Zulliger*s schulpraktischen Ausführungen wird m.E. ersichtlich, daß *Zulliger* diese Problematik in ihren Grundzügen durchaus schon erkannt und in seiner Praxisgestaltung berücksichtigt hat. Und besonders in den freien Unterrichtsgesprächen über die psychischen Manifestationen in Schülerträumen und in freien Aufsätzen, wird die Personorientierung in der pädagogischen Schulpraxis *Zulliger*s evident. Andererseits wird das personorientierte Moment in *Zulliger*s Praxis auch etwas geschwächt durch das Primat der Gemeinschaftserziehung gegenüber der Individualerziehung, daß besonders vom späten *Zulliger* ganz dezidiert vertreten wurde. So betont er, daß dem Lehrer "die glückliche Bewältigung all der Erziehungsschwierigkeiten [...] nur dann gelingt, wenn er [...] die auftretenden Probleme als massenpsychologische Probleme angreift und erledigt" (*Zulliger* 1936, 338).
Dennoch ergeben sich nicht nur in den o. a. freien Unterrichtsgesprächen für eine grundsätzliche Personorientierung der Unterrichtspraxis bei *Zulliger* - aus der Lektüre seiner Schriften - hinreichende Anhaltspunkte. Zum Beispiel entnehme ich dies auch aus einer Unterrichtsbeschreibung einer schwedischen Lehrerin, die bei *Zulliger* hospitierte:

> "Mir ist aufgefallen, daß ein freier, herzlich kameradschaftlicher Ton herrscht zwischen den Schülern beiderlei Geschlechts untereinander [...] Der gleiche ungezwungene Ton besteht zwischen den Schülern und Ihnen (*Zulliger*)" (*Zulliger* 1936, 345).

(In einer solchen Unterrichtsbeschreibung, bzw. wenn man die entsprechenden Textausschnitte in *Zulliger*s Schriften nachliest, wird auch deutlich, daß *Zulliger* als idealischer Führer der Gruppe, der zu freien Stellungnahmen und Gedankenproduktionen anzuregen verstand, von den einzelnen Gruppenmitgliedern wahrgenommen wurde.) Und *A. Burger* konkretisiert *Zulligers* Schulpädagogik folgendermaßen:

"Die pädagogische Handhabung der gruppenpsychologischen Erkenntnisse ist notwendige Bedingung der Psychoanalytischen Pädagogik im Sinne *Zulligers*. Erzieherisch und therapeutisch wirkt *Zulliger* durch psychologisch adäquate Reaktion und Gegenreaktion auf Schülerverhalten und nicht indem er analysiert. Dem Schüler wird nicht gedeutet, sondern durch ein der Schülerpersönlichkeit angepasstes Arrangement von Unterrichts- und Gemeinschaftsaktivitäten werden kulturadäquate Sublimationsformen ermöglicht. Die Transformation von Es in Ich soll sich - wie es auch in der Erziehung allgemein intendiert ist - mehr durch natürliche Bewusstwerdung der Persönlichkeit als durch Bewusstmachung störender Affekte vollziehen" (*Burger* 1987, 226).

Auch nehme ich bei *Zulliger* - und ich denke dabei auch ein wenig an *Scarbath*'s oben stehendes Postulat des Mehrperspektivisch-Dialogischen - eine gewisse vielfältige und paradigmatisch weitgefaßte theoretische Orientierung, z.B. in folgendem Zitat wahr:

"Die Kinderpsychotherapie wurde auch von jenen Jüngern FREUDS gepflogen, die ihren Meister verließen und eigene Wege zu gehen suchten. So hat C. G. JUNG sie gepflegt; ihm folgten ADLER und FURTMÜLLER; dann kamen Melanie KLEIN und Anna FREUD und zahlreiche Kinderanalytiker, und mir scheint, wenn man gerecht urteile, hätten alle Wesentliches zur Entwicklung der neuartigen Wissenschaft beigetragen" (*Zulliger* 1963, 10).

Und mehr oder weniger im gleichen Kontext nehme ich auch den Hinweis von *Scarbath* auf, daß *Zulliger* zwar weitgehend in der Gefolgschaft *S. Freuds* stand, aber - wenn auch ziemlich unkritisch - die von *A. Freud* entwickelte und von *Hartmann, Kris* und *Löwenstein* weiterentwickelte Ich-Psychologie mit anwendete[19] und m.E. auch individualpsychologische Grundsätze, die ein wenig an *Adler* erinnern, in seinem pädagogischen Praxiskonzept berücksichtigte. Vielleicht handelt es sich hierbei auch nur eher um eine synkretistische Tendenz in der theoretischen Anleitung seiner Praxisgestaltung und ein innerer Zusammenhang besteht möglicherweise nur in der Persönlichkeit und Intuition *Zulligers*. (Wäre noch zu prüfen!)

---

[19] Hiermit beziehe ich mich auf den unveröffentlichten Vortrag von *H. Scarbath* (28.1.87): " Der psychoanalytisch-pädagogische Spaziergang: Hinweise und Einfälle von *Hans Zulliger*". Universität Hamburg.

Als besonders prägnant erscheint mir die personale Ausrichtung bei *Aichhorn* sowohl in seinen reformerischen Bemühungen um die institutionelle Verwahrlostenerziehung als auch in seinem pädagogischen Umgang mit Klienten. Zum Beispiel sei diesbezüglich auf eines seiner Praxisbeispiele hingewiesen, in dem er für einige seiner Fürsorgezöglinge, die als Berufswunsch "Erfinder" angegeben hatten, eine kleine Arbeitsgruppe unter der Leitung eines technisch versierten Mitarbeiters initiierte. Von den Mitgliedern dieser kleinen Gruppe dürfte dies wohl insofern positiv aufgenommen worden sein, als hier jemand sich bemühte, Verständnis für ihre jeweiligen Selbstbilder und damit für sie als Person aufzubringen. Was wiederum das Zustandekommen einer positiven Übertragungsbeziehung tendenziell begünstigen dürfte. Traditionelle Pädagogik hätte derartige Berufswünsche und damit verbundene Selbstbilder wohl häufig als groteske Selbstüberschätzung von vornherein eher zurückgewiesen. *Aichhorn* dagegen wollte damit offenbar Kritik hintanstellen, um seinen Klienten, durch Konstituierung geeigneter Situationen, eine Motivierung zu adäquaten Betätigungen (Selbstfindungsprozeß) zu ermöglichen.

Mit einer solchen offenenen pädagogischen Grundeinstellung gegenüber dem Educandus scheint mir *Aichhorn* individuelle Selbstbildungsprozesse auch eher zu fördern und dem geforderten Ernstnehmen des Educandus sowie dem Gebot einer Ermutigung und Anregung zu freien Entwürfen und Selbstentwürfen eher gerecht zu werden. So weist *Scarbath* darauf hin, daß in heuristischer Absicht von einem Subjekt auszugehen sei, das über mehr oder weniger vorhandene Ich-Stärke bzw. Selbstgestaltungskräfte verfügt, die selbst noch im devianten Verhalten zu entziffern und zu fördern seien (vgl. *Scarbath* u. a. 1984, 7).

Im gleichen Kontext einer Personorientierung steht z.B. die folgende Forderung *Aichhorn*s, daß es für Handarbeitsunterricht notwendig sei, die jeweilige Entwicklungsstufe des Kindes zu erkennen und "die kindliche Eigenart und den nach bestimmten Richtungen drängenden Tätigkeitstrieb zu berücksichtigen" (*Aichhorn* zit. n. *Steinlechner* 1986, 21). Und anstatt des traditionellen Kopierens und Nachbildens sollte es - im Zeichenunterricht nach Vorstellung *Aichhorn*s - mehr um persönliches Gestalten persönlicher Erlebnisse und Eindrücke gehen. "Das Kind soll schauen lernen und angeregt werden, aus sich heraus tätig zu sein" (*Aichhorn*, A. 1909, 11).
Oder: Für *Aichhorn*s Engagement in der Horterziehungsbewegung steht folgendes Zitat:

"Die Entwicklung des Hortbegriffes aus der Diskussion und Anwendung verschiedener Standpunkte heraus ist ein Beispiel für die dialogisch-dynamische Entwicklung, wie sie Aichhorn anstrebte" (*Steinlechner* 1986, 19).

(Bezüglich einer dialogischen Ausrichtung des erzieherischen Verhältnisses bei *Aichhorn*, ebenso wie auch bei *Zulliger*, verweise ich auch auf den exemplarischen Teil dieser Arbeit.)

Die obigen Ausführungen zu *Aichhorn* und *Zulliger* mögen vielleicht zur Kennzeichnung ihrer jeweiligen Pädagogik die Attribute: "menschenfreundlich, personorientiert, progressiv" mehr oder weniger rechtfertigen. Dennoch lassen sich sowohl in den Schriften *Aichhorn*s als auch *Zulliger*s einige Formulierungen zitieren, die auch eine autoritär-repressiv ausgerichtete Pädagogik (vermeintlich) zur Selbstlegitimation heranziehen könnte.[20]

Im Anschluß an die oben dargestellte Personorientierung bei *Aichhorn* und *Zulliger* möchte ich auch noch hinweisen auf einen damit im Zusammenhang stehenden und für das pädagogische Geschäft beider Autoren sehr wichtigen Begriff des "Verstehens". Im Kontext einer anthropologischen Auffassung vom Menschen als einer je konkreten Person, die sich, wie gesagt, durch Einmaligkeit und unableitbare Würde auszeichnet, steht ja unzweifelhaft auch die pädagogische Kategorie des "Verstehens".
Eine Formulierung von *Scarbath* lautet:

> "'Verstehen' meint aber nicht nur die Erfahrung der Gegenseite (*M. Buber*), sondern auch den Versuch, die Betroffenheit und die Situation des anderen nachzuvollziehen [...] Die Anerkenntnis der Fremdheit (*M. Brumlik*) gehört ganz wesentlich zum pädagogischen Verstehen. Es geht also darum, zu versuchen, in den Schuhen des anderen zu stehen' ..." (*Scarbath* 1985, 74).

---

20 Zum Beispiel konstatiert *Aichhorn* ganz im Sinne *S. Freud*s, in der Einleitung seines Buches "Verwahrloste Jugend", daß jedes Kind sein Leben als asoziales Wesen beginne. Es bestehe auf die unmittelbare Erfüllung seiner primitiven Wünsche, wobei es auf die Wünsche und Forderungen der Umwelt keine Rücksicht nimmt. Oder: Erziehung ist jener "Teil des Bemühens [...], (der) letzten Endes auf nichts anderes hinausläuft, als das Kind in den von ihnen (Eltern oder Erzieher, d. Verf.) als allein richtig anerkannten Wertmaßstab hineinzuzwingen" (*Aichhorn, A.* 1931, 277).
Und *Zulliger* betont beispielsweise, daß Gemeinschaftserziehung nur unter dem Gesetz der Versagung gelinge, welche mit der nötigen Vorsicht gehandhabt werden muß. Solche und ähnliche, ganz vereinzelt in den Schriften *Aichhorn*s und *Zulliger*s erscheinende Formulierungen eignen sich aber nicht zur grundsätzlichen Kennzeichnung ihrer pädagogischen Praxis, wie die Lektüre ihrer Fallgeschichten m.E. klarstellen dürfte.

Diese Auffassung von *Scarbath* korrespondiert in gewisser Hinsicht m.E. mit derjenigen *Aichhorns*, der auf die Frage: "Wer denn zum Verwahrlostenerzieher tauge?" postuliert hat:

"Nicht derjenige [...], der genau weiß, welche Verpflichtungen der Verwahrloste der Gesellschaft gegenüber nicht erfüllt, sondern nur derjenige, der in der 'Identifizierung' mit ihm erlebt, was diesem die Gesellschaft schuldig geblieben ist [...] Es gilt also zu begreifen, wie der Verwahrloste die Gesellschaft erlebt, ja erleben muß" (*Aichhorn* zit. n. *Bolterauer* 1975, 653).

Und auch für *Zulligers* Pädagogik ist evident, daß für ihn "Verstehen" eine zentrale pädagogische Kategorie darstellte. So beklagte er ganz dezidiert, daß die Institution Schule in vorfindlicher Praxis keine Erziehungsstätte ist und nur zu einer werden könne, wenn sie in erster Linie "verstehen" und "helfen" wolle (vgl. *Burger* 1987, 162).

In diesem Zusammenhang hat "Psychoanalyse" für *Zulliger* eine wichtige Funktion:

"Psychoanalyse ermöglicht, in der Kinderstube, innerhalb von Kindergruppen, Schulen usw. ein 'Klima' zu schaffen, das für die Jugend besonders günstig ist, weil es eine innere Kontaktnahme gewährleistet. Dieses Klima wirkt prophylaktisch im Sinne der Psychohygiene. Außerdem erleichtert es [...] infolge der besseren Kommunikation zwischen Lehrern und Schülern das Lehren und Lernen" (*Zulliger* 1957, 336).

Ferner gilt für beide (*Aichhorn* und *Zulliger*) wiederum gemeinsam, daß sie die "Liebe" (hiermit stehen sie übrigens in der Tradition von *Erasmus*, *Pestalozzi* u. a.) als das höchste Erziehungsmittel postulierten bzw. die nicht erotische "Gegenliebe" des Educandus in frappierender Weise immer wieder zu beleben verstanden (vgl. *Burger* 1987, 188).

Beispielsweise wird in der Alltagssprache "Liebe" eine "seelenaufschließende" und "seelenverwandelnde" Wirkung zugesprochen. "Lieben bedeutet", sagt *Guardini*, "die Wertgestalt im fremden - vor allem im personalen Seienden zu erblicken" (*Guardini* zit. n. *Gerner* 1966, 220).

Für das pädagogische Geschäft *Aichhorns* und *Zulligers* hat, neben der oben ausgeführten dialogisch-personalen, die psychoanalytische Orientierung eine ganz zentrale Bedeutung. Der innere Zusammenhang beider Orientierungen wird auch deutlich mit dem Hinweis, daß, in der klassischen Psychoanalyse, das Deuten unbewußter Konflikte, Wünsche und Strebungen sich stets auf den Klienten als Subjekt und somit auch auf eine gewisse Personorientierung bezieht.

Bevor ich die psychoanalytische Orientierung in den unten folgenden Kapiteln zu *Aichhorn* und *Zulliger* ausführlicher darstellen werde, sei noch einiges zum Verständnis von Psychoanalyse und zum Verhältnis von Pädagogik und Psychoanalyse vorangestellt.

3 Zum Verständnis von Psychoanalyse im Überblick theoretischer Zusammenhänge

Im Zusammenhang mit der hier durchgeführten Untersuchung, insbesondere mit Bezug auf den Praxisteil der Fallbeispiele, scheint mir wichtig - in Anlehnung an *Fürstenau* - zwischen zwei verschiedenen therapeutischen Traditionen zu unterscheiden: die klassische Methodik der psychoanalytischen Behandlung neurotischer Störungen bei intaktem Ich und die mannigfaltigen Bemühungen um Patienten mit "Ich-Defekten" (vgl. *Fürstenau* 1977, 197). Bereits von *Aichhorn* - und noch dezidierter von seinem Schüler *F. Redl* - wurde darauf hingewiesen, daß Klienten mit schweren strukturellen Ich-Defekten für eine Behandlung nach dem Muster der klassischen analytischen Kur zunächst kaum geeignet seien. Hinreichend erfolgreiche Behandlungen solcher Ich-Störungen - wie sie beispielhaft in den Fallbeschreibungen *Aichhorns* vorgetragen werden - sind quasi jeweils Voraussetzung für eine analytische Behandlung der verbleibenden neurotischen Störungen. Der Ausgang des Analytikers (und besonders auch des psychoanalytisch orientierten Pädagogen) ist also eine Organisation seiner Wahrnehmungen nach dem Konzept "gestörter Ich-Struktur" (vgl. ebd., 202).[21] Wir haben es hier also im Unterschied zum behandlungsmäßigen Umgang mit neurotischen Störungen mit einer anderen Dimension der Wahrnehmung und Bearbeitung psychischer Störungen zu tun, die auch gesellschaftliche Einflußgrößen und Anforderungen stärker berücksichtigt. *Fürstenau* fordert die Entwicklung einer integrierten komplexen psychoanalytischen Praxeologie, d.h. eine Integration der klassischen Methodik psychoanalytischer Behandlung neurotischer Störungen bei intaktem Ich mit denjenigen mannigfaltiger Bemühungen um Patienten mit Ich-Defekten (vgl. ebd., 197).

So wichtig *Fürstenaus* Postulat einer methodischen Weiterentwicklung der klassischen Psychotherapie auch sein mag, so scheint mir der von ihm verwendete Begriff der Integration zweier traditioneller Methoden doch auch Anlaß zu einem Mißverständnis zu geben. Denn um eine bloße Vermischung

---

21   Unter strukturellen Ich-Störungen oder Ich-Defekten sei mit Bezug auf *Fürstenau* zu verstehen, daß es sich nicht nur um erlebnisbedingte Beeinträchtigungen der Funktionsausübung des Ich (funktionelle oder neurotische Ich-Störungen), sondern um erlebnisbedingte Störungen der Disponibilität von Ich-Funktionen zur Ausübung überhaupt handelt (vgl. ebd., 200).

zweier Methoden dürfte es hier zweckmäßigerweise nicht gehen, sondern um ihre angemessene Verknüpfung und gegenseitige Ergänzung.

Weiter unten mit Bezug auf *Aichhorn* wird dies m.E. recht gut, wenn auch weniger abstrakt-theoretisch veranschaulicht.

Auch scheint mir das Setting der analytischen Kur mit seiner psychoanalytischen Grund- und Abstinenzregel und Beschränkung auf einzelne Sitzungen, wie immer es ansonsten auch noch modifiziert werden mag, allein nicht hinzureichen, sondern zu fordern wäre, zumindest als begleitende Unterstützung, ein sozialpädagogischer Umgang mit dem Ich-gestörten Klienten entweder in Form eines gemeinsamen Zusammenlebens von Sozialpädagoge und Klient oder doch zumindest in Form einer über die einzelnen Analyse-Sitzungen hinausgehende Hilfe des Klienten bei der Bewältigung alltäglicher lebensweltlicher Anforderungen. Von einigen neueren Autoren wird dies Postulat auch bereits vertreten.

Da die Psychoanalyse sich in den letzten Jahrzehnten immer mehr ausgedehnt hat bzw. seit den 50er Jahren von ihrem Hauptstrom zahlreiche psychodynamische Flußarme abzweigen und es hier auch nicht um Psychoanalyse schlechthin, sondern um psychoanalytische Pädagogik geht, kann es hier nicht der Ort sein, die neuere Psychoanalyse umfassend skizzieren zu wollen, das würde weit über den Rahmen dieser Abhandlung hinausführen. Da zum anderen die Rezeption der klassischen Psychoanalyse einerseits die Voraussetzung ist, um gegenwärtige Probleme der Psychoanalyse begreifen und zeitgemäße Lösungen finden zu können (vgl. *Thomä* u. a. 1989, VIV) und andererseits die in dieser Arbeit akzentuiert abgehandelten Autoren *Aichhorn* und *Zulliger* weitgehend in der Gefolgschaft *S. Freuds* standen, dürfte eine weitgehende Beschränkung meinerseits auf eine Darstellung der klassischen Psychoanalyse ohnehin gerechtfertigt sein. Nur mußte ich im Rahmen dieser Arbeit aus Machbarkeitsgründen dieses Kapitel stark einschränken bzw. auf die Lektüre einschlägiger Literatur zur Einführung verweisen, und mich weitgehend auf ein allgemeines überblicksartiges Verständnis von Psychoanalyse beschränken.

Sigmund Freud entwickelte die Psychoanalyse als eine methodisch geregelte Psychotherapie, weil die naturwissenschaftlich orientierte Medizin keinen Zugang zu Leiden fand, an denen "Reminiszenzen", problematisch verarbeitete Erlebnisse bzw. lebensgeschichtliche Konflikte, und nicht allein organisch-pathologische Prozesse beteiligt waren. (vgl. *Horn* 1980, 474). Mit den

Worten *S. Freuds* ist Psychoanalyse "der Name 1. eines Verfahrens zur Untersuchung seelischer Vorgänge, welche sonst unzugänglich sind, 2. einer Behandlungsmethode neurotischer Störungen, die sich auf diese Untersuchung gründet und 3. einer Reihe von psychologischen, auf solchem Wege gewonnenen Einsichten, die allmählich zu einer neuen wissenschaftlichen Disziplin zusammenwachsen" (*Freud, S.* 1922, 211).

Um die Grundgedanken der Psychoanalyse zu charakterisieren, muß man verschiedene Ebenen unterscheiden:

1. Psychoanalyse als allgemeine Theorie menschlichen Handelns (= Persönlichkeitstheorie);
2. Psychoanalyse als sozialpsychologische und ethnologische Theorie (= Kulturtheorie);
3. Psychoanalyse als Lehre über die Ursache und Genese pathologischer Störungen der Erlebnisverarbeitung mit abnormen psychischen und/oder somatischen Symptombildungen (= Neurosentheorie);
4. Psychoanalyse als Technik und Behandlungsverfahren (= Therapietheorie);
5. Psychoanalyse als wissenschaftliche und standespolitische Bewegung (vgl. *Dörner, D.* u. a. 1985, 289).

Die Punkte 1 bis 5 sind grundsätzlich, in unterschiedlichem Maße, für die Pädagogik von Bedeutung. Im Rahmen meiner Ausführungen werde ich mich jedoch hauptsächlich nur auf die Punkte 3 und 4 und mit geringerer Gewichtung auch auf den Punkt 1 beziehen.

Für die ältere psychoanalytische Theorie ist die dualistische Triebtheorie ihr Angelpunkt; über den einen Trieb, die Libido (Sexualtrieb), konnte man sich allerdings besser orientieren als über den anderen, von *Freud* postulierten Trieb, den Aggressionstrieb. Aus der gesellschaftlichen Bearbeitung der Triebwünsche im Rahmen der Beziehungen zu den primären Liebesobjekten - bzw. mit *Freud* gesprochen, aus den Triebschicksalen - ergeben sich psychische Strukturen und Funktionen (vgl. *Horn* 1980, 474). Auf dieser theoretischen Basis und der klinischer Erfahrung erarbeitete die Psychoanalyse eine Entwicklungspsychologie, indem sie das Verhältnis von phasenhaft vorgestellter Triebentwicklung (orale, anale, phallische, genitale Phase) des Menschen und äußeren, die Trieberlebnisse und Triebenergien begrenzenden, einengenden Einflüsse (d.h. die Dynamik der Beziehungen der psychischen Instanzen Es, Über-Ich und Ich) untersuchte. Wobei diese sogenannte "Theorie der psychischen Struktur" in neuerer Zeit ergänzt wurde durch die Begriffe

"Selbst" und "Ich-Ideal". (Dagegen verwendete *Freud* die Begriffe Über-Ich und Ich-Ideal noch weitgehend austauschbar.)

Das Über-Ich, das *Freud* auch als das Erbe des Ödipuskomplexes bezeichnete, steht für die internalisierten, heteronom bleibenden gesellschaftlichen Normen. Unter Selbst versteht man die bewußten Anteile des Ich, unter Ich-Ideal die psychische Repräsentanz des Erbes des infantilen Narzißmus, eine Weiterentwicklung aus der primär-narzißtischen Omnipotenz und damit das Gegenstück zum heteronomen Über-Ich: so möchte man sein. Dem Strukturmoment Ich fällt die Vermittlerrolle in diesem dynamischen Feld zu, die es entweder mit Hilfe des Bewußtseins und realer Arbeit und/oder vermittels einer Reihe von Operationsweisen, der Abwehrmechanismen (Verdrängung, Regression, Reaktionsbildung, Isolierung, Ungeschehenmachen, Projektion, Introjektion, Wendung gegen die eigene Person, Verkehrung ins Gegenteil, Sublimierung) bewältigt (vgl. a.a.O., 475).

Wobei - wie *Mitscherlich* es ausdrückte - eine hinreichende Ich-Stärke, die Vermehrung der Ich-Kräfte oft die einzige reale Chance bietet, die oft rasenden Ansprüche der Affekte daran zu hindern, die Herrschaft über unser Verhalten an sich zu reißen (vgl. *Mitscherlich, A.* 1970, 23). Wenn die natürliche Triebhaftigkeit mit den äußeren kulturellen Begrenzungen in Konflikt gerät bzw. Triebentwicklungsphasen nicht "erlebt", nicht "bewältigt" werden dürfen, dann werden, in solchen prekären Konfliktsituationen, Aspekte der an der Interaktion beteiligten Momente durch Abwehroperationen entstellt und nicht adäquat im Bewußtsein repräsentiert (vgl. *Hartfiel* u. a. 1982, 614). Auf diese Weise bleibt das Ich zwar funktionsfähig; zugleich wird allerdings der Handlungsspielraum wegen inadäquater Repräsentanzbildung in je spezifischer Weise eingeschränkt. - Den psychosexuellen Entwicklungsphasen werden spezifische Abwehrmechanismen zugeordnet. Aber erst von der Ich-Psychologie (*Hartmann* 1972), die sich mit dem Funktionieren des Ich als psychischer Instanz befaßte, wurde die Theorie der Abwehr systematisch erarbeitet; die ältere Es-Psychologie begriff zunächst nur das Verdrängte, das Unbewußte, als ihren Gegenstand, noch nicht das verdrängende Ich (vgl. *Brenner* zit. n. *Horn* 1980, 475). So wurde also mit Hilfe der Psychoanalyse, die aus der seelischen Krankenbehandlung *Freuds* hervorging, in Verbindung mit dieser neueren Ich-Psychologie eine umfassende Persönlichkeitstheorie entwickelt.

Skandalon der Psychoanalyse zur Zeit *Freuds* war ja, daß sie die Entstehung psychischer Strukturen, insbesondere des Über-Ich (und seines bewußten

Anteils, des Gewissens) genetisch und funktional mit dem zweiphasigen Ansatz der Libidoentwicklung in Zusammenhang brachte. Auch neuere, von der kritischen Gesellschaftstheorie angeleitete, Entwicklungen der Psychoanalyse zu einer materialistischen Interaktionstheorie (*Lorenzer* 1973) halten an dieser Verschränkung von Sexualität und Soziabilität fest. Heute wird aber hervorgehoben, daß mit den Formen gesellschaftlicher Arbeit auch die Formen primärer und sekundärer Sozialisation und demzufolge psychische Strukturen und Interaktionsweisen sich ändern (vgl. *Horn, Lorenzer* u. a. zit. n. *Horn* 1980, 475). Zum anderen hat die sogen. "kritische Theorie" erkannt, daß die Psychoanalyse Einblicke verschafft in die psychischen Mechanismen, die durch kulturellen Zwang erzeugt werden, daß sie den Menschen zeigen kann, wie ihre psychischen Leiden, ihre verdrängten abgespaltenen Motive als Ergebnisse gesellschaftlich erzwungenen Verzichts verstanden werden können, oder wie z. T. Abwehrmechanismen gesellschaftlich bewußt als Mittel politisch wirksamer Herrschaftstechniken vermittelt sind. Überwiegend wird die Ansicht geteilt, daß der Psychoanalyse als Medium der Emanzipation große Bedeutung zukommt, weil sie den Menschen von undurchschaubaren, unbewußt wirkenden Abhängigkeiten befreien kann, indem sie verdrängte Teile seiner eigenen psychischen Erzeugnisse dem Bewußtsein wieder zuführt, verfügbar, reflektierbar macht, dadurch die quasi natürliche Gewalt der unbewußten Motive bricht, die sich in vielen Verzerrungen und Entfremdungen des Denkens und Handelns Ersatzbefriedigungen verschaffen (vgl. *Hartfiel* u. a. 1982, 614).

Das Hauptmerkmal der psychoanalytischen Wissenschaft und ihrer therapeutischen Methode konturiert sich im aufklärerischen Umgang mit dem unbewußt Gewordenen, mit jenen in aller Regel von den Betreffenden als heteronom empfundenen Verhaltensanteilen (den Symptomen), die dem Abgewehrten entspringen: in prekären Situationen werden - wie bereits erwähnt - die als gefährlich empfundene Anteile "verdrängt", sie werden "unbewußt". Das Verdrängte kehrt jedoch immer wieder in Form psychosomatischer und anderer Symptome (als Fehlleistung, im Traum etc.).

"Die bekannteste Konfliktsituation soll in einer modernen Version skizziert werden: In der primären Sozialisation treten aufgrund der vom Kind gewünschten sexuellen Beziehungen zum gegengeschlechtlichen Elternteil Interessenkonflikte auf, deren Modell der ödipale Konflikt ist. In diesem Kontext ergeben sich für das Kind - im einfacheren Fall des Jungen - beängstigende Phantasien, Kastrationsängste, weil es die Strafe des Vaters für seine Wünsche, die Mutter zu besitzen, fürchtet. Es will seine Unversehrtheit und die positive Beziehung zu den Eltern zugleich erhalten und paßt sich in seinem Selbstverständnis daher deren Forderungen an. Indem es Verhaltensnormen verinnerlicht, übernimmt es wichtige Aspekte der äußeren sozialen Kontrolle selber: Ein Über-Ich wird gebildet. Je heftiger und dramatischer - und sei es nur in der Phantasie - dieser Konflikt verläuft, desto mehr Momente der negativen Seite der Beziehungen zu den Eltern werden aus dem Bewußtsein verdrängt" (*Horn* 1980, 475).

Aus der Forschung über den autoritären Charakter wissen wir, wie stereotyp gut die Beziehung vom autoritativ erzogenen Sohn zu seinem Vater geschildert wird. Gefährlich erscheinende Beziehungsaspekte, Haß gegen den Vater und Angst vor ihm werden "abgewehrt", aus der Kontinuität des Erfahrungszusammenhangs ausgeschieden. Dabei handelt es sich um eine Abwehr des auf Selbsterhaltung bedachten Ich.

"Innere Spannungen wie die in sozialen Beziehungen sollen auf diese Weise gemindert werden. Aber dieser Rückzug von problematischen Aspekten der durch die eigene Lebenspraxis mitkonstituierten Realität ist nur ein scheinbarer, nur einer für das betroffene Bewußtsein. Der Haß gegen den Vater kann wiederkehren als Haß auf andere Personen, er wird verschoben. Dem Erwachsenen, der so abwehrt, erscheint die Beziehung zum Vater unproblematisch, aber er hat womöglich eine unerträgliche Beziehung zu seinem Chef, den er fälschlicherweise nur in negativem Licht sieht" (ebd., 476).

Lorenzer (1970a) hat diese Zerstörung der Kontinuität des Erfahrungszusammenhangs als "Sprachzerstörung" bezeichnet, denn die je typischen Selbstbeschränkungen des Bewußtseins schlagen sich im sprachlichen Ausdruck nieder. Das Vaterbild und das des Chefs sind in der Phantasie miteinander vermischt. Der Chef wird hier vermeintlich mit dem bösen Anteil des Vaters identifiziert. Es entwickelt sich also eine nicht ohne weiteres verständliche Privatsprache bzw. partielle Pseudokommunikation: Bewußte und unbewußte Anteile der Szene weisen auseinander und die Lebenspraxis eines Menschen, dessen Selbstverständnis derart eingeschränkt wurde, ist dementsprechend behindert. Diese Behinderungen können aufgehoben werden, wenn im Prozeß der psychoanalytischen Therapie die Kontinuität des Bewußtseins rekonstruiert wird bzw. durch das Wiedererinnern und aktive Wiedererleben von unbewußten Gedanken, Gefühlen und Erlebnissen die vorherrschende psychopathologische Symptomatik beseitigt wird (vgl. ebd.).

Diese Kritik der Privatsprache vermittels "szenischen Verstehens" (*Lorenzer* 1970a) ist also keine Anpassungstherapie, sondern der Versuch, den Patienten von lebensgeschichtlich entstandenen Verzerrungen seines Bewußtseins und daraus hervorgehender umgangssprachlicher Pseudokommunikation, unwillentlichen bzw. unbewußten Wünschen, zu befreien (*Dahmer* u. a. 1973; *Muck* u. a. 1974a).

"Dieses sozialwissenschaftliche Potential der Psychoanalyse (*Lorenzer* u. a. 1971) läßt sich freilich erst entfalten, wenn einige methodologische Fragen geklärt sind, vor allem der Widerspruch zwischen der hermeneutischen Praxis der Psychoanalyse und ihrem naturwissenschaftlichen Selbstverständnis [...] Soziologie war im expliziten Selbstverständnis nur angewandte Psychoanalyse. In dem Maße, wie allerdings die psychoanalytische Therapie die Resultate historischer Veränderungen auf ihrem ureigensten Gebiet in Gestalt historisch neuer psychischer Strukturen und Krankheitsformen entdeckte (*Horn* 1972a) und der Ödipuskomplex nur als der Kernkomplex der bürgerlichen Epoche sich zeigte (*Reiche* 1972), kam der historische Kern dieser historisch-systematischen Psychologie zutage. In der methodologischen Diskussion der Sozialwissenschaften (*Habermas* 1968) konnte sie deshalb auch als Demonstrationsgegenstand für die Überwindung der alten Dichotomie zwischen nomothetischen und ideographischen Wissenschaften dienen. Aus dieser Perspektive erscheint Psychoanalyse heute als eine historisch-kritische Theorie des Subjekts" (*Horn* und *Lorenzer* zit. n. *Horn* 1980, 477).

In der obigen Darstellung ging es ja in nuce um psychoanalytische Theorie unter Einbeziehung neuerer Entwicklungen (*Lorenzer, Horn, Muck* u. a.), wenngleich auch nur in der hier gebotenen Beschränkung.

Zur weiteren Rezeption psychoanalytischer Theorie und insbesondere der klassischen psychoanalytischen Persönlichkeitstheorie muß ich an dieser Stelle verweisen auf verschiedene Einführungs - und Überblicksschriften (*Laplanche* u. a. 1986, *Bally* 1963, *Thomson* 1952, *Thomä* u. a. 1988, *Holder* 1980 u. a.).

4   Zum Verhältnis von Pädagogik und Psychoanalyse

Die Auffassung von der Möglichkeit einer generellen Neurosenprophylaxe herrschte in den 20er Jahren unter Psychoanalytischen Pädagogen noch weitgehend vor und bestimmte mehr oder weniger das Verhältnis von Psychoanalyse und Pädagogik. Das heißt die Pädagogik stand in einer gewissen Gefahr - und diese ist auch bis heute nicht überwunden - zu einer Anwendungswissenschaft der Psychoanalyse zu werden oder zumindest die Psychoanalyse zu ihrer Grundlagenwissenschaft zu machen, wie u. a. ein häufiger anzutreffender dogmatischer, psychoanalytischer Ductus in der Interpretation von Fallgeschichten von seiten Psychoanalytischer Pädagogen bestätigte.[22] - Erst allmählich kam es dann zu einer zunehmenden Aufdeckung dieses Selbstmißverständnisses der Psychoanalytischen Pädagogik und damit auch zunehmend zu einer Zurückdrängung der früher (in den 20er und 30er Jahren) häufiger wahrzunehmenden Dogmatisierungs- und Verabsolutierungstendenz. Das bedeutete die Konstituierung einer realistischeren und bisweilen auch Wechselbezüge zwischen Psychoanalyse und Pädagogik implizierenden Beziehung.

Das Verhältnis von Psychoanalyse und Pädagogik wurde recht anschaulich von *Fatke* beschrieben:
Pädagogik kann nicht bzw. darf nicht auf dem hohen Roß sitzen, von dem aus sie immer schon alles besser weiß. Aber umgekehrt gebührt ihr auch nicht der Platz unter dem Tisch, von dem aus hin und wieder einige "Krümel" der Nachbarwissenschaften herunterfallen und von denen sie sich als "armer Schlucker" zu ernähren habe (vgl. *Fatke* 1985, 47).
Diese Krümel stellten in der Zeit der antiautoritären Studentenbewegung der 60er Jahre im wesentlichen "frühkindliche Sexualität" und die "ödipale Konstellation" mit der daraus erwachsenen Autoritätsproblematik dar; und heute

---

[22] Allerdings *Aichhorn* und *Zulliger* stellten damals bereits eine gewisse Ausnahme dar, da sie zunächst phänomenologisch offen sich um eine präzise, detaillierte Beschreibung ihres jeweiligen Einzelfalls bemühten und psychoanalytische Deutungsmuster überhaupt erst heranzogen, nachdem sie entweder ohne Rückgriff auf psychoanalytisches Wissen in ihrer Fallanalyse nicht mehr weiterkamen oder eine psychische Symptomatik recht offensichtlich zutage gefördert worden war. Sie blieben beide auch nach ihrer psychoanalytischen Ausbildung, was damals relativ selten war, primär Pädagogen und stellten aus pädagogischen Problemzusammenhängen heraus ihre Fragen an die Psychoanalyse, um ihre eigene erzieherische Situation aufzuklären(vgl. *Jaschke* 1990, 254).

sind die Krümel eher "Narzißmus" und "frühkindliche Objektbeziehungen" (vgl. ebd.).

Und die Pädagogik war somit - wie *Scheuerl* 1975 hervorhob - auf dem besten Wege, sich in ein multidisziplinäres Sammelbecken addierbarer Einzelfragen angewandter Wissenschaften zu verwandeln.

Was für *Nohl* einmal die "einheimischen Begriffe" der Pädagogik waren, oder was *Flitner* als "pädagogischen Grundgedankengang" bezeichnete, war aus der Diskussion verschwunden (vgl. ebd., 52).

Inzwischen - seit einigen Jahren - mag man vielleicht die verstärkten Bemühungen um Wiedergewinnung eines wissenschaftstheoretischen Selbstverständnisses in der Pädagogik begrüßen.

Nur kann dabei der Zweck für pädagogisches Denken und Handeln nicht- wie schon Litt uns in einem Aufsatz gelehrt hat - von einer außerpädagogischen Disziplin empfangen werden, sondern er muß immer von der Pädagogik selbst ausgehen (vgl. *Litt* 1921, 28 ff.). Denn die pädagogische Sichtweise ist darauf gerichtet, das Ganze der Lebenswirklichkeit in den Blick zu nehmen, während ihre Nachbarwissenschaften eher nur Ausschnitte daraus jeweils zu erfassen versuchen. Zwar kann man wohl sagen, daß die psychoanalytische Wissenschaft, als eine sinnkritische und hermeneutisch verfahrende, schon mehr als andere Nachbarwissenschaften die ganze Komplexität einer Lebenssituation zu erfassen sich bemüht. Aber verschiedene Beispiele, wie sie u. a. von *Fatke* (1986) vorgetragen wurden, zeigen, daß eben doch in der Regel seitens der Psychoanalyse vorweg eine gewisse Blickverengung erfolgt, und sie damit eben der Vieldeutigkeit der kindlichen Lebenssituation nicht immer voll gerecht wird.

Deshalb ist die Grundlagenwissenschaft für die Pädagogik die Pädagogik als wissenschaftliche Disziplin selbst (vgl. ebd., 53).[23] Psychoanalyse kann lediglich als hilfreiche Nachbarwissenschaft der Pädagogik zur Begründung und Vertiefung pädagogischer Handlungen und Einsichten mitherangezogen werden und dadurch oftmals wichtige Dienste leisten (vgl. ebd., 58).

---

[23] Schon *S. Freud* hat im Vorwort zu *Aichhorns* Buch "Verwahrloste Jugend" darauf hingewiesen, "daß die Erziehungsarbeit etwas sui generis ist, das nicht mit psychoanalytischer Beeinflussung verwechselt und nicht durch sie ersetzt werden kann" (*S. Freud* 1925, 8).

Abschließend möchte ich das zuvor Gesagte noch mit einem Bild aus einer griechischen Sage bzw. einem Erklärungsbeispiel, von *Fatke* (1986), zum Verhältnis von Psychoanalyse und Pädagogik etwas veranschaulichen: *Fatke* nahm in seinem Vortrag ein berühmt gewordenes Diktum *S. Freuds* mit auf, in dem dieser Erziehung mit einer Fahrt eines Schiffes durch die Scylla und Charybdis verglich. Scylla bedeutete das Gewährenlassen und Charybdis die Versagungen, die Frustrationen, die dem Kind auferlegt werden. Die Fahrt des Odysseus durch die Meerenge der Scylla und Charybdis ging bekannterweise auch nicht ohne Opfer aus.

Wenn man dieses Bild aufnimmt, könnte man sagen, der Psychoanalyse kommt der Blick aus dem Ausguck dieses Schiffes zu und möglicherweise sogar ein besonderer Blick unter die Oberfläche des Meeres.

Vielleicht ist es manchmal notwendig, für kurze Wegstrecken den Ausguck mit einem Lotsen zu besetzen, damit gefährliche Hindernisse und Untiefen sicherer umfahren werden können, aber der Kapitän und der Steuermann auf dem Schiff bleibt die Pädagogik selbst (vgl. *Fatke* 1986).

5   Zur Psychoanalytischen Pädagogik A. Aichhorns und H. Zulligers

Aichhorn und auch *Zulliger* zählen zu den bedeutendsten Vertretern bzw. Pionieren der Psychoanalytischen Pädagogik:
Während die alte Schulpsychologie nur die Intelligenz, die Reaktionsfähigkeit und die manifesten Äußerungen als gegeben und beurteilbar betrachtete, fragten diese beiden Pädagogen - im Sinne der Psychoanalytischen Pädagogik - primär nach den Ursachen dieser Phänomene, etwa des Versagens in Leistungen und Betragen, unbegreiflicher Ängste, eines auffallenden Trotz- oder aggressiven Verhaltens (vgl. *Kasser* 1963, 16). Darüber hinaus stellten sie sich die Frage nach den Ursachen der ungünstigen äußeren Realität des Kindes und machten sich zur erzieherischen Aufgabe, diese, also insbesondere die familiären Verhältnisse, günstig zu beeinflussen und zu verändern. Es verbot sich ihnen ganz entschieden, irgendwelche Abwegigkeiten des Kindes mit Strafe auszutreiben. Statt dessen setzen sie sich gern an die Stelle des Ich-Ideals der zu Erziehenden, um die positive Gefühlsbeziehung zum Educandus systematisch erzieherisch zu nutzen (vg. *Leber* 1985, 156).

Aichhorn und *Zulliger* waren beide sehr genaue Beobachter menschlicher Verhaltensäußerungen. Im pädagogisch geschickten Umgang mit ihrer Klientel, in einem beispielhaft geführten Dialog mit ihrem neurotischen oder dissozialen Klienten, verstanden sie es, auch noch das kleinste Detail der jeweiligen Fallgeschichte zutage zu fördern, um es dann in eine psychoanalytisch-pädagogisch orientierte Fallanalyse mit aufzunehmen. Dabei ließen sie sich nicht - wie bei Anfängern unter psychoanalytisch orientierten Pädagogen nicht selten zu beobachten ist - durch eine vorschnelle Anwendung eines psychoanalytischen Deutungsmusters den Blick für eine zunächst phänomenologisch offene Betrachtungsweise verstellen. Somit sprechen ihre Fallbeispiele im Hinblick auf eine exemplarische Demonstration der Bedeutung der Psychoanalyse für die pädagogische Praxis zum Teil weitgehend schon für sich.

Deshalb habe ich auch die hier aufgenommenen Fallbeispiele jeweils weitgehend vollständig, sofern sie nicht allzu lang sind, zitiert.
Aus gleichem Grunde scheint mir auch vertretbar, daß ich einige Fallbeispiele nur relativ kurz kommentiere, andere jedoch mit interpretativen Ergänzungen und Modifizierungen ausstatte, sofern solche - auch aufgrund neuerer pädago-

gischer und psychologischer Überlegungen - mehr den Verhaltensablauf und die psychischen Vorgänge angemessener oder vollständiger zu erfassen und zu erklären scheinen.

Auswahlkriterium für die hier aufgenommenen Fallbeispiele war, neben der Vermittlung einzelner Einblicke in die psychoanalytisch-pädagogisch adäquate Orientierung des Umgangs mit den Klienten, ihr Bezug zu den im Kapitel 1.3 vorgestellten Thesen. Das bedeutet ihre Bestätigung oder zumindest tendenzielle Stützung durch die Interpretation des Einzelfalls bzw. ggf. ihre Falsifikation. Wobei einige der Thesen allerdings, nach vorheriger Lektüre, aus den Falldarstellungen der genannten Autoren herauskristallisiert oder unmittelbar entnommen worden waren.

Bevor ich mit diesen Fallbeispielen bzw. der pädagogischen Praxis der genannten Autoren mich näher auseinandersetze, soll zunächst jeweils ihre Biographie in kurzer Form referiert werden.

5.1 Zur professionellen Biographie A. Aichhorns (1878-1949)

August Aichhorn wurde am 27.7.1878 mit seinem Zwillingsbruder Rudolf in Wien geboren, sie folgten auf zwei Schwestern und den Sohn Wilhelm. Der Vater Wilhelm Aichhorn, von Beruf Kaufmann, konnte sich mit einem erworbenen Bäckereibetrieb allmählich ein Vermögen verdienen. (1898 besaß er drei Zinshäuser und Barvermögen.) Nachdem der älteste Sohn die Bäckerei übernommen hatte, betätigte sich der Vater fortan in der Politik und war über 20 Jahre lang Wiener Gemeinderat (vgl. *Steinlechner* 1986, 6).
Die Mutter beschrieb *August Aichhorn* als zarte und kränkliche, vom Vater stets liebevoll umsorgte Frau, die aber ihren Mann stets geführt hat, ohne daß dieser es jemals merkte. *Thomas Aichhorn*, ein Enkel von *August Aichhorn*, dagegen beschreibt die Mutter als strenge, beherrschende Frau, die ihren Sohn August andauernd zum Fleiß ermahnte, damit einmal etwas aus ihm werden könne.
Das Verhältnis zwischen Mutter und Sohn soll - laut *Thomas Aichhorn* - meist etwas gespannt gewesen sein.

August Aichhorn besuchte in Wien die fünfklassige Volksschule, die drei-klassige Bürgerschule und die staatliche Lehrerbildungsanstalt. Für die Berufswahl könnte - nach Auffassung von *Mary Chadwick* (1930, 368) - die ödipale Konstellation von größter Bedeutung gewesen sein. Eine ambivalente Einstellung gegenüber der Mutter und ein in seiner Leistungsfähigkeit kaum erreichbarer Vater als Vorbild wurden in ihrer motivationalen Wirkung bei *August Aichhorn* noch verstärkt durch die Notwendigkeit, sein Überleben gegenüber dem früh verstorbenen, begabteren (wie *Aichhorn* selber sagte) Zwillingsbruder zu rechtfertigen (vgl. ebd., 9).

Im Jahre 1898 wurde *August Aichhorn* als Substituts-Unterlehrer in einer Wiener Knabenvolksschule angestellt. Um an der Universität studieren zu können, legte er neben seiner Lehrertätigkeit, 1901, das Externistenmatura ab und besuchte, von 1901 bis 1905, an der Wiener Technischen Hochschule die Abteilung für Maschinenbau. Er hatte aber nicht die Absicht, Techniker zu werden, sondern wollte als Lehrer die Unterrichtsfächer Mathematik und Geometrie übernehmen.

Mit seiner Heirat 1906 gab er das Studium auf und wurde 1907 Volksschul-lehrer (vgl. ebd., 11). Seine Berufsauffassung ging aber über das Klassen-zimmer hinaus und er arbeitete - (1907-1918) - auch in der damaligen Hort-bewegung mit. Dieses Engagement begründete *Aichhorn* selbst mit dem Ein-fluß, den "zwei hervorragende Männer unserer damaligen Lehranstalt" auf die Studenten hatten, und die "uns mit der Begeisterung erfüllten, nicht Kinder zu unterrichten, sondern durch unseren Lehrberuf die Welt zu verbessern"(ebd., 13).

Als in Wien, im Jahre 1907, Knabenhorte (Erziehungsheime), in denen para-militärischer Drill vorherrschte, eingeführt wurden, kämpfte *Aichhorn*, der sich des unpädagogischen Geistes einer Erziehung mit soldatischer Strenge bewußt war, gegen dies Unternehmen. Nachdem er 1908 zum Vorstand des neugegründeten "Vereins Wiener städtischer Knabenhorte", der die Aufgabe hatte, Erziehungsheime für Knaben zu organisieren, gewählt worden war, ließ er sich vom Schuldienst beurlauben, um sich ganz der Jugendfürsorge widmen zu können. Und als dann im selben Jahre in Oberhollabrunn eine Fürsorge-erziehungsanstalt für schwererziehbare Jugendliche gegründet wurde, über-nahm *Aichhorn* die Leitung. Mit seinem Erziehungsexperiment in Oberhollabrunn wurde er zum Begründer der "Psychoanalytischen Pädagogik", da es der erste Versuch war, eine ganze Erziehungsinstitution an psychoanalytischen Einsichten und Grundsätzen zu orientieren (vgl. *Adam* 1977, 6). Die traditionelle Zwangserziehung in den Besserungsanstalten kritisierend, bemühte er sich um verläßliche, vertrauensvolle Beziehungen zu den Verwahrlosten. Da *Aichhorn* fehlende Geborgenheit und Sicherheit im Elternhaus der Jugendlichen als Ursache ansah für ihre hassende und Vergeltung übende Haltung der Gesellschaft gegenüber, bemühte er sich, durch Befriedigung dieser versagten Grundbedürfnisse, die Jugendlichen mit sich selbst und ihrer Umwelt auszusöhnen (vgl. *Böhm* 1982, 10).

Bereits 1923 wurde *Aichhorn*s Erziehungsanstalt, die zwischenzeitlich nach St. Andrä verlegt worden war, wieder geschlossen. Finanzielle Gründe und behördliches Unverständnis hatten dazu geführt. *Aichhorn* blieb trotzdem der Psychoanalytischen Pädagogik weiterhin treu, jedoch auf einem anderen Arbeitsgebiet, dem Bereich der Erziehungsberatung des Wiener Jugendamtes. Daneben hielt er zahlreiche Vorträge, leitete Kurse und Seminare, unterrichtete das Fach Pädagogische Psychologie in der Lehrerfortbildung und war Dozent am Pädagogischen Institut der Stadt Wien.

Auch in der Zeit von 1938 bis 1945 hat er mehr oder weniger unter lebensgefährlichen Bedingungen als praktizierender Psychoanalytiker in Wien weitergearbeitet (vgl. *Adam* 1977, 19). Über sein Erziehungskonzept und seine praktischen pädagogischen Erfahrungen schrieb er ein Buch mit dem Titel "Verwahrloste Jugend", das zu einem klassischen Werk für die Pädagogik und Heilerziehung wurde, und eine Reihe weiterer Aufsätze (vgl. *Eissler* 1977, 208).

Mit einem Zitat von *K. Eissler* zum Persönlichkeitsbild *Aichhorn*s möchte ich dieses biographische Kapitel abschließen:

"Besonders seine (*Aichhorn*s) Einstellung 'unwissend' in dem Gegenstand zu sein, dem er sein Lebenswerk gewidmet hatte, seine Idee, daß er immer von Neuem beginne, daß er ewig ein Student, ein Schüler, nicht ein Lehrer sei, stempelten ihn als wahrhaft großen Lehrer. Er handelte immer, als wäre er der 'Diener' seiner Schüler ..." (ebd., 203).

Wer *Aichhorn* kennenlernte oder mit ihm zusammenarbeitete, dem wurde dessen Persönlichkeit zu einem faszinierenden Erlebnis. "Er hatte ein beneidenswertes Ausmaß an Beherrschung und Harmonie erreicht, ohne dabei die

Fähigkeit zu verlieren, sich einem schöpferischen Konflikt hinzugeben" (ebd., 206).

5.2 Zur Psychoanalytischen Pädagogik A. Aichhorns

Die entscheidenden Anregungen für sein erzieherisches Geschäft hat *Aichhorn* von der Psychoanalyse *Sigmund Freuds* bekommen.
Das Zuhörenkönnen und das psychoanalytische Deuten hat für seinen pädagogischen Umgang mit seiner Klientel eine grundlegende Bedeutung. (Das gilt übrigens auch für *Zulliger*.)
Die Eigenart seiner psychologisch-pädagogischen Arbeit, die den bis dahin anerkannten Grundsätzen der Verwahrlostenerziehung strikt zunwiderlief, beruht auf den Prinzipien der Milde und Versöhnung (vgl. *Adam* 1981b, 54).
Sigmund Freud selbst hat erkannt, daß durch *Aichhorn* aus der Psychoanalyse etwas Neues wurde, nämlich die psychoanalytische Technik, die ursprünglich als ein ärztliches Verfahren zur Behandlung seelisch bedingter Krankheiten entwickelt worden war, ist bei *Aichhorn* zu einem Werkzeug der Sozialpädagogik geworden (vgl. *Bittner* 1967, 141).

"Zumindest für den Sozialarbeiter scheint *Aichhorns* Haltung die richtige zu sein, der den jungen Verwahrlosten ohne viel Worte zu verstehen gibt: Du darfst mir alles erzählen. Ich werde nichts verurteilen, nicht einmal befremdet sein, nicht werten und ermahnen. Ich werde versuchen, zu verstehen, wie alles gekommen ist" (*Bittner* 1967, 145).

Eine ganz zentrale und fundamentale Position nimmt im *Aichhorn*schen Erziehungskonzept die "pädagogisch evozierte" Übertragungsbeziehung bzw. die positive Übertragung ein.[24] In ihr kann auch u.U. schon die Ursache der Verwahrlosung erkannt werden. (Übrigens hat *Aichhorn* sich auch als einer der ersten mit der Analyse der Gegenübertragung beschäftigt.) Nach der Auffassung *Aichhorns* u. a. ist der Mensch überhaupt nur erziehbar, weil er die

---

[24] Zur kurzen Erläuterung ein Zitat von *Aichhorn*:
"Wenn wir in der Fürsorgeerziehung von der Übertragung sprechen, so meinen wir damit die Gefühlsbeziehung des Fürsorgeerziehungszöglings zu seinem Erzieher, ohne dass behauptet wäre, es handle sich genau um dasselbe wie in der psychoanalytischen Situation. Die 'Gegenübertragung' sind dann die Gefühlsbeziehungen des Fürsorgeerziehers zu seinem Zögling. Die Gefühlsbeziehungen, die der Fürsorgeerziehungszögling zu seinem Erzieher gewinnt, basieren natürlich auch auf bereits früher einmal bestandenen Beziehungen zu irgend jemandem" (*Aichhorn, A.* 1977, 102).

Fähigkeit besitzt Gefühlsbindungen mit anderen einzugehen. Durch die Psychoanalyse wissen wir, daß die jugendlichen Gefühlsbindungen Prozesse der Identifikation sind (vgl. *Epstein* 1932, 79). Ein Postulat *Aichhorn*s lautet, daß die erfolgreiche Erzieherpersönlichkeit ohne besondere Schwierigkeiten das Vertrauen und die Zuneigung des Zöglings gewinnt und damit auch den ersten Schritt zur Behebung der Verwahrlosung vollzieht. "Die Frage 'Warum gelingt es einzelnen Menschen, dieses Vertrauens- und Zuneigungsverhältnis herzustellen, anderen nicht?' führte ihn zu einer Antwort, die vielen nicht akzeptabel erscheinen mag: 'Wer imstande ist, seine gesicherte Position als Mitglied der sozialen Gemeinschaft aufzugeben und sich mit dem Verwahrlosten zu identifizieren, ist fähig, die ihm in dem Verwahrlosten entgegentretende Besonderheit zu erleben, und dann ist der Weg des Verwahrlosten zu ihm frei" (*Aichhorn, A.* zit. n. *Schindler* 1981, 112).

Aichhorn sagte, daß pädagogische Methoden weit weniger wichtig seien als die Haltung des Erziehers (vgl. *Schindler* 1981, 112). Er zählt, darüber besteht für mich kein Zweifel, zu den "charismatischen" Pädagogen mit einer Persönlichkeitsausstrahlung von tiefgreifender Wirkung auf Zöglinge, auf deren Eltern und seinen Schülerkreis (vgl. *Bittner* 1967, 142).
Für seine pädagogische Haltung ist bezeichnend u. a. der folgende Satz: "Wer zu erziehen hat, der darf nicht sagen: ich bin ich und du bist du, sondern muß sein Handeln so einrichten, daß der andere, in unserem Fall das Kind, fühlt: 'ich bin so viel wie möglich -- du'" (*Aichhorn, A.* zit. n. *Dworschak* 1981, 96). Oder wie *Aichhorn* auch kürzer formulierte: "Das Ich soll zum Du werden" (ebd., 97).

Die Reformpädagogik, an die das obige Zitat ein wenig erinnert, und die zur Zeit der Tätigkeit *Aichhorn*s sich entfaltete, hat *Aichhorn* kaum rezipiert bzw. die ihm gebührende Würdigung zukommen lassen, obgleich sich zwischen seinen und reformpädagogischen Ideen durchaus einige Verbindungen und Parallelen nachweisen lassen.[25] Allerdings die Reformpädagogik als die "Pädagogik vom Kinde aus" und die "emanzipatorische Pädagogik" der 60er und 70er Jahre haben eins gemeinsam: "Ihren aufklärerischen Wurzeln getreu bauten sie allzu sehr, ja einseitig auf kognitive Einsicht, die es beim Erzieher

---

25 Beispielsweise wird in *Hermann Röhrs'* "Die Reformpädagogik des Auslands" der Österreicher *Aichhorn* nicht einmal erwähnt.

wie beim Zögling zu erreichen galt. Daß die Gefühle des Kindes sowohl wie die des Erziehers dieser Einsicht [...] entgegenstehen könnten, kam nicht genügend oder gar nicht in Sicht" (*Tymister* 1990, 13). Dagegen aber haben *Aichhorn* und ebenso *Zulliger* - wie oben bereits angesprochen wurde - als psychoanalytisch orientierte Pädagogen durchaus die grundlegende Bedeutung von Gefühlsregungen für das jeweilige konkrete erzieherische Verhältnis erkannt und waren deshalb besonders bemüht eine positive Übertragung der Educanden auf sich - als Erzieher - anzuregen bzw. gegebenenfalls sich an die Stelle ihres Ichideals zu setzen, bevor sie ihre pädagogischen Bemühungen stärker konzentrierten auf die Herbeiführung einer kognitiven Einsicht oder von Versagungsleistungen von seiten ihrer Klientel.

Aichhorns besondere Leistungen als psychoanalytisch orientierter Sozialpädagoge liegen in den allgemein nur wenig beachteten Bereichen der Fürsorgeerziehung, Erziehungsberatung und -hilfe. An der damaligen Randstellung der "Psychoanalytischen Pädagogik", ihrem Charakter als pädagogischer Sonderlehre hat sich bis heute - wie bereits angedeutet wurde - nicht viel geändert, obwohl hier Entdeckungen gemacht und pädagogische Konsequenzen gezogen wurden, wie in den auf Praxis bezogenen Ausführungen dieser Arbeit noch weiter veranschaulicht wird, die auch der Gegenwartspädagogik wertvolle Impulse geben könnten (vgl. ebd., 53). (Zum Beispiel machte *Aichhorn* die Erfahrung, daß er mit Erfolg - auch bei seinen aggresiven Verwahrlosten - ohne negative Sanktionen im engeren Sinne auskommen konnte.)

Allerdings hat *Aichhorn* keine systematische Erziehungslehre hinterlassen. "Seine Stärke lag weit mehr auf praktischem als auf theoretischem Gebiet: in seinen theoretischen Ausführungen hat er *Freuds* Formulierungen manchmal so buchstabengetreu übernommen, daß der Blick auf seine originale pädagogische Leistung geradezu verstellt wird. Wer *Aichhorn* kennenlernen will, wird daher am besten von konkreten Schilderungen seines Umgangs mit schwererziehbaren und verwahrlosten Jugendlichen ausgehen" (*Bittner* 1967, 143).

5.2.1 Das Fürsorgeerziehungsheim in Oberhollabrunn und grundsätzliche Anmerkungen zu Aichhorns Konzept der Verwahrlostenerziehung

In dem von *Aichhorn* organisierten und geleiteten Fürsorgeerziehungsheim in Oberhollabrunn (1918-1921), einer niederösterreichischen Kleinstadt, hat *Aichhorn* als erster, wie oben schon angesprochen wurde, den zukunftsweisenden Versuch unternommen, eine ganze und große Erziehungseinrichtung auf Grundsätzen aufzubauen, die den damals vorherrschenden diametral entgegengesetzt waren (vgl. *Adam* 1981 b, 57). So verzichtete er in Oberhollabrunn auf die disziplinären Praktiken der "alten Besserungsanstalt". Denn *Aichhorn* hatte die progressive Erkenntnis, daß in den herkömmlichen Fürsorgeanstalten mit Zwangsmaßnahmen bloß die dissozialen Symptome behandelt wurden, lediglich ein Zustand scheinbarer Anpassung herbeigeführt wurde, in dem die dissoziale Haltung nur unterdrückt gehalten war und bei geeignetem Anlaß jederzeit wieder manifest in Erscheinung treten konnte (vgl. *Adam* 1977, 13).[26]

*Aichhorn*s Konzept der Verwahrlostenerziehung gründete weitgehend auf Erkenntnissen von *Sigmund Freud* und steht im Einklang mit der psychoanalytischen Erziehungstheorie.

> "Die psychoanalytische Erziehungstheorie sieht den Erziehungsvorgang als Kulturfähigwerden und -machen des Kindes, das anfangs ausschließlich von seinen 'asozialen' Triebwünschen beherrscht wird. Erziehungsmaßnahmen haben daher etwas Zwanghaftes an sich, indem sie dem Kind Versagungen auferlegen, und müssen daher, um wirkungsvoll zu werden, mit Ersatzbefriedigungen kompensiert werden. Im allgemeinen stehen zwei Erziehungsmittel zur Verfügung: die Liebesprämie und die Strafandrohung. Geraten diese Erziehungsverfahren auf Abwege, führen sie in der Regel zu Fehlergebnissen. Das geschieht einerseits bei der Verwöhnung, dem falschen Einsatz der Liebesprämie, ihrer Gewährung nicht als Gegenleistung auf Verzicht, sondern ohne Gegenleistung, und andererseits bei einem Übermaß an Strenge, zu vielen Strafen. Das Kind erhält in diesem Fall keine Ersatzlust durch die Liebe des Erziehers, wird

---

[26] Übrigens übte *Aichhorn* nicht nur Kritik an den traditionellen Erziehungsanstalten, sondern auch an den damaligen gesellschaftlichen und sozialen Verhältnissen:
"Wenn wir die Verwahrlosung aber einmal als ein Symptom des erkrankten sozialen Organismus erkennen, können wir viel eher die Mittel zur Ausheilung finden und damit die Dissozialität zum Verschwinden bringen. Wer die Dissozialität verhindern will, muß die Wohnungs-, Ernährungs- und Arbeitsfrage lösen, dann den Eltern zeigen, wie sie ihre Kinder zu pflegen und zu erziehen haben" (*Aichhorn* zit. n. *Osztovits* 1982, 27).

in eine Gegenstellung zu diesem gedrängt und hat dann keine Ursache mehr, die durch den Erzieher vertretenen Anforderungen der Realität anzuerkennen. Die Auflehnung gegen den Erzieher wird dem überstreng erzogenen Kind ebenso zur Lustquelle wie das Verharren bei den direkten und unmittelbaren Triebbefriedigungen. Dieses Verhaltensmuster wird zur Disposition zur Verwahrlosung, wenn das Kind ungeachtet seiner weiteren Entwicklung darauf fixiert bleibt oder unter Druck wieder darauf zurückfällt. Die Fixierung oder Regression auf Triebäußerungen, die für frühkindliche Verhaltensweisen normal sind, lassen den Verwahrlosten als abnormal und dissozial erscheinen, weil er durch sie zu den gesellschaftlich geforderten Verhaltensweisen im Gegensatz steht. Von dieser Perspektive her besteht die Aufgabe des Fürsorgeerziehers darin, dem Zögling jene fehlende Entwicklung zu vermitteln, durch die er die kindliche Altersstufe mit dem sie beherrschenden 'Lustprinzip' überwinden kann. Der Fürsorgeerzieher muß daher eine Versöhnung auf breiter Basis anstreben, um das große Defizit an Liebe auszugleichen" (ebd., 15).

Aichhorns Erziehungskonzept zufolge durften die Zöglinge ihre Aggressionen ungehindert ausleben, solange keine größerer Gefahr für Mitzöglinge bestand. Sie wurden nicht in verschlossenen Räumen gehalten, sondern durften sich innerhalb und außerhalb der Anstalt frei bewegen. Die Anstalt bestand nicht aus einem großen kasernenartigen Gebäude, sondern aus vielen kleinen siedlungsmäßig angelegten Baracken mit Wohn- und Arbeitsräumen. Auf diese bauliche Anordnung hatte *Aichhorn* besonderen Wert gelegt, denn die Zöglinge sollten so wenig wie möglich dem Leben in der Gesellschaft entfremdet werden.[27]

An die Stelle der willkürlichen Gruppeneinteilung, wie sie die zeitgenössischen "Anstalten alten Stiles" praktizierten, trat eine Differenzierung der Zöglinge nach Temperament und Führungsmöglichkeit (vgl. *Lechner* 1981, 35). Das bedeutete in praxi, daß die Gruppenbildung den Zöglingen frei überlassen wurde; sie konnten solange von einer Gruppe zur anderen wandern, bis sie ihr Auskommen fanden. Dabei ergab sich eine Einteilung in sechs Gruppierungen, die "ziemlich gleichartige Zöglinge" zusammenfaßten (vgl. ebd.). (Auf diese Weise wurde der Möglichkeit weitgehend angepaßter, gleichartiger Erziehungsmaßnahmen bzw. einer Gruppenerziehung Rechnung getragen.) Die Entwicklung von Gemeinschaftsgefühl und Gruppensolidarität, und damit ein-

---

[27] *Aichhorn* wollte, wie er selbst sagte, in Oberhollabrunn keine Anstalt, sondern eine Siedlung für seine Zöglinge schaffen, "in der die soziale Frage nach der sozialpolitischen und sozialhygienischen Seite hin gelöst ist [...] Aus den in der Oberhollabrunner Siedlung gewonnenen Erfahrungen (sind) die übrigen Siedlungen Deutschösterreichs einer Kritik und Reform zu unterwerfen" (*Aichhorn, A.*, zit. n. *Aichhorn, T.* 1981, 71). Also *Aichhorn* ging es hier wiederum um eine Art Gesellschaftskritik.

hergehend schon eine Abnahme der gröbsten Verwahrlosungsäußerungen, wurde durch Wettbewerbsveranstaltungen zwischen den Gruppen gefördert. Es bedurfte jedoch einiger Zeit, d.h. Wochen oder gar Monate, bis die Zöglinge - bzw. die jeweils neu hinzugekommenen - sich in eine Gruppe eingelebt hatten. Zunächst waren sie mehr oder weniger Einzelkämpfer ohne rechten Gemeinschaftssinn, die sich in einem Kampf mit der Außenwelt befanden, beseelt von einem tiefen Mißtrauen gegenüber allen Erwachsenen. (Wie *Aichhorn* dieses Mißtrauen sukzessive durch adäquates Erzieherverhalten abzubauen verstand, wurde oben schon angesprochen und wird weiter unten noch ausgeführt.)

Verständlich, daß in einer solchen freiheitlich organisierten Institution, in der den jugendlichen Ausschreitungen von seiten der Erzieher kein repressiver Widerstand entgegengesetzt wurde und vornehmlich Milde und Güte das erzieherische Verhalten kennzeichneten, Verwahrlosungsäußerungen und aggressives Verhalten zunächst heftig in Erscheinung traten.[28] Wie ein solches offenes Erziehungsheim von der benachbarten Bevölkerung überwiegend eingeschätzt und beurteilt wurde, dafür bietet *Aichhorn* folgendes Bild an: "Wenn Sie an einem besonders guten Tag in eine der von mir geleiteten Fürsorgeanstalten zu Besuch gekommen wären, hätten Sie leicht etwa folgendes erleben können: Noch ehe Sie den Bereich der Anstalt betreten, treffen Sie auf einen Ortseinwohner, der ganz unverhohlen seinem Unmut darüber Ausdruck gibt, daß die Verwahrlosten statt eingesperrt gehalten und in Reihen von Aufsehern spazieren geführt zu werden, hier so frei herumgehen dürfen. Weil Sie näheres

---

[28] Der aggressive Dissoziale steigert - wie *Aichhorn* in seinem Buch "Verwahrloste Jugend" betont - seine Aggressionsausbrüche immer mehr, weil er quasi (unbewußt) darauf wartet, endlich bestraft zu werden. Denn der Zögling kann einerseits erst durch eine brutale Reaktion seitens des Erziehers sich immer größeren Lustgewinn verschaffen und andererseits ist eine solche Reaktion erforderlich, damit er sein Gesellschaftsbild einer "bösen", feindlichen Erwachsenenwelt aufrechterhalten kann (vgl. *Adam* 1977, 15). Der Verwahrloste hält in der Regel die uneingeschränkte Güte und Milde des Erziehers, über einen längeren Zeitraum, lediglich für irgendeinen Trick oder für Schwäche und wartet darauf, daß dieser endlich sein wahres Gesicht zeige. Die Aggressionen sind aber nur bis zu einem bestimmten Grade steigerungsfähig und führen durch ständige Wiederholung allmählich zur Erschöpfung des Verwahrlosten und schließlich zum Zusammenbruch der fortwährend aggressiven Haltung, welcher sich häufig in Affektausbrüchen von "Wutweinen" manifestierte. Im weiteren Verlauf kommt es dann zu Phasen außerordentlicher Labilität und in Verbindung mit einem ausgeprägten positiven Affekterlebnis endlich zum entscheidenden Umschwung in der bisherigen Haltung des Zöglings (vgl. *Lechner* 1981, 34). Nachdem eine positive Gefühlsbeziehung des Zöglings zum Erzieher sich endlich eingestellt hat, kann dieser nach und nach sehr vorsichtig mit stärkerer Belastung (Versagens-Forderungen) vorgehen. Erst jetzt beginnt nach *Aichhorn* der eigentliche Erziehungsprozeß.

von der Anstalt wissen wollen, fragen Sie ihn, warum er denn gar so erbost sei? Weil durch die Art, wie hier die Verwahrlosten gehalten werden, allem Unfug Tür und Tor geöffnet ist"[29] (*Aichhorn, A.* 1977, 128 f.).

Aber *Aichhorn* ging es ja gerade darum, daß seine Institution so wenig wie möglich Anstaltscharakter aufwies und daß die Zöglinge vom Leben in der Gesellschaft, in das sie sich selbst wieder integrieren sollten, nicht völlig isoliert wurden. Das dissoziale Verhalten, daß in heftigen Raufereien, Verwendung der schlimmsten Schimpfwörter, gelegentlichen kleinen Diebstählen etc. sich ausdrückte, und worüber die Anwohner sich beklagten, hat nach *Aichhorn* seine Ursache u. a. in einem gestörten Liebesleben in der frühen Kindheit der Dissozialen, entweder ist ihr Liebesbedürfnis zu wenig befriedigt oder übersättigt worden (vgl. *Aichhorn, A.* 1977, 103). (Durch die Übertragungsbeziehung, zu der *Aichhorn* seine Zöglinge regelmäßig motiviert hat, erhielt er über die jeweilige Ursache ihrer Dissozialität einige Aufschlüsse und konnte so zu einer jeweils adäquaten Erziehungsmethode gelangen. Oft ging es darum, das Defizit an Liebeszuwendungen und die wiederholten Frustrationen in der Vergangenheit des Kindes durch extrem liebevolles und verwöhnendes Erzieherverhalten im nachhinein zu kompensieren, also um eine Erziehungsmethode, die für das "normale" Kind ungeeignet wäre.)

Aichhorn teilte die Verwahrlosten in zwei Hauptgruppen auf: Erstens (1.) neurotische Grenzfälle mit Verwahrlosungserscheinungen und zweitens (2.) Verwahrloste, bei denen in dem Teil des Ichs, aus dem die Verwahrlosung entstammt, keine neurotischen Züge nachweisbar sind (vgl. *Aichhorn, A.* 1977, 105). In den Fällen des ersten Typs befindet sich der Dissoziale in einem durch die Art seiner Liebesbeziehungen hervorgerufenen inneren Konflikt: eine Abwehrstrebung in ihm selbst belegt in gewissen Situationen Liebesstrebungen

---

[29] Eine kritische Anmerkung zu *Aichhorn* von *Rehm* lautet: "Die 'lange Periode der Vorbereitung und inneren Unordnung' (*Eckstein* 1904), mit der sich *Aichhorn* [...] auseinandersetzen (mußte), wird eine optimistische Einschätzung der Ergebnisse [...] nicht erlauben" (vgl. *Rehm* 1968, 137).
Es kann hier nicht der Ort sein, eine entfaltete Kritik zu den institutionellen Möglichkeiten und Machbarkeitsgrenzen der Verwahrlostenerziehung abzugeben. Aber statt dessen möchte ich, zunächst als vorläufige Entgegenhaltung zu *Rehms* kritischer Einschätzung, anmerken, daß eine längere Phase der Praxisvorbereitung für die Verwahrlostenerziehung möglicherweise in Kauf genommen werden müßte, und was bedeutet schon eine längere Phase innerer Unordnung aufgewogen gegenüber einer u.U. zu erwartenden lebenslangen "kriminellen Karriere" der Dissozialen.

mit einem Verbot. In der Reaktion darauf kommt es zur Verwahrlosung. In den Fällen des zweiten Typs befindet sich der Verwahrloste mit seiner persönlichen Umwelt in einem offenen Konflikt: unbefriedigt gebliebene Liebesstrebungen der frühen Kindheit haben dazu geführt (vgl. ebd.). Hiermit bezieht sich *A. Aichhorn* offenbar insbesondere auf den ödipalen Konflikt. Dieser wird ja - beim Knaben - im "normalen" Entwicklungsverlauf dadurch gelöst, daß er seine ödipale Aggression gegen den Vater nach innen wendet und auf diese Weise für den Aufbau eines strukturierten Überich/Ichideal-Systems nutzt. Aufgrund des väterlichen Verhaltens (Lieblosigkeit, übertriebene Strenge etc.) gelang dagegen dem Verwahlosten, in der frühen Kindheit, nicht solche produktive Kanalisierung aggressiver Energie, und somit bleibt die ödipale Aggression nach außen, gegen die Umwelt, gerrichtet.

Ad 1: "Kommt ein neurotisches Kind mit Verwahrlosungserscheinungen in die Fürsorgeerziehung, so steht die Tendenz, elterliche Beziehungen auf den Fürsorgerzieher zu übertragen, im Vordergrund. Der Fürsorgeerzieher wird sich zu einem ähnlichen Verhalten wie dem normalen Kinde gegenüber entschliessen und es in positive Übertragung bringen, wenn er seine eigene Aktivität beträchtlich herabsetzt, um zu verhindern, dass sich mit ihm jene Situation wiederholt, die zum inneren Konflikte geführt hat. - Für die analytische Behandlung ist gerade die Wiederholung dieser Situation von Wichtigkeit. - Der Fürsorgeerzieher wird der Vater, die Mutter sein und doch nicht ganz; er wird deren Forderungen vertreten und doch nicht so wie diese; er wird im richtigen Augenblicke dem Verwahrlosten zu erkennen geben, dass er ihn durchschaut hat, und doch nicht dieselben Konsequenzen ziehen wie die Eltern; er wird dem Strafbedürfnis entgegenkommen und es doch nicht ganz befriedigen" (ebd., 106).

Also für diesen Typ von Verwahrlosung gilt - wie *Aichhorn* forderte - daß der Erzieher zwar eine Übertragung aufkommen lassen bzw. herbeiführen soll, aber sich trotzdem weitgehend zurückhalte, damit die Situation der frühen Kindheit, die zu dem inneren Konflikt führte, nicht stärker wiederbelebt wird. (Dagegen ist in der psychoanalytischen Kur die Wiederbelebung der frühen Kindheitskonflikte gerade ein besonderes Anliegen.)

Ad 2: "Anders wird er (der Erzieher) sich benehmen, wenn er dem im offenen Konflikte befindlichen Verwahrlosten gegenübersteht. Mit diesem wird er sich zuerst verbünden, begreifen, dass er recht hat, mit seinem Verhalten einverstanden sein und in schwierigsten Fällen ihm gelegentlich sogar auch zu verstehen geben, dass er, der Erzieher, es auch nicht anders machen würde (vgl. Diese 5, S. 23). Ich bemerke hier andeutungsweise, dass das Schuldgefühl, das der neurotische Grenzfall mit Verwahrlosungserscheinungen so deutlich zeigt, auch in diesen

Fällen nicht fehlt. Es stammt aber nicht aus dem 'Verwahrlosten-Ich', sondern kommt von anderswoher. Wir fragen uns, warum der Fürsorgeerzieher sich bei diesem zweiten Typus Verwahrloster so ganz anders benimmt? Er hat ja auch diese Zöglinge in die positive Übertragung zu drängen, und was beim normalen Kinde und dem neurotisch Verwahrlosten anwendbar und angezeigt ist, würde hier das Gegenteil bewirken. Der Erzieher zöge den ganzen Hass des Verwahrlosten gegen die Gesellschaft auf sich, brächte ihn statt in die positive, in die negative Übertragung und damit in einen Zustand, der für die Fürsorgeerziehung unbrauchbar ist" (ebd.).

Für diesen zweiten Typus Verwahrloster gilt, daß *Aichhorn* grundsätzlich eine Übertragungsbeziehung zu ihm, erst nachdem das Heimmilieu hinreichend lange auf den Verwahrlosten eingewirkt hat, herbeizuführen versucht, damit eine negative Übertragung vermieden werden kann (vgl. These 2b, S. 22) (vgl. ebd. 118). Da bei solchen Verwahrlosten meist keine positiven Elternbeziehungen vorhanden sind, bedarf es also vom Erzieher eines größeren persönlichen Einsatzes, bis der Jugendliche in ihm den guten Vater bzw. die gute, fürsorgliche Mutter sieht (vgl. *Bittner* 1967, 147). *Aichhorn* beschreibt in seinem Buch "Verwahrloste Jugend" ausführlich, wie er die Herbeiführung der Übertragung allmählich vorbereitet. Auch die beiden Fallbeispiele, weiter unten, sprechen in diesem Kontext für sich in frappierender Weise. Der durch die Übertragungsbeziehungen angeregte Prozeß der Ich-Stärkung der Zöglinge wird forciert durch zahlreiche positive Erlebnisse, die *Aichhorn* ihnen ermöglichte, wie u. a. durch das Feiern von Festen oder durch Erfolgserlebnisse, die den Zöglingen durch die Ausbildung handwerklicher Fertigkeiten und Fähigkeiten in den Werkstätten in Oberhollabrunn zuteil wurden.

Die fundamentalen Stützen des *Aichhorn*schen Erziehungskonzeptes sind - wie die obige Darstellung bereits hervorhob - Psychoanalyse und die Prinzipien der Milde und der Versöhnung (vgl. *Adam* 1981b, 54). Dabei ging es *Aichhorn* ganz dezidiert um eine Erziehung "vom Kinde aus", das er in seiner individuellen Entwicklung zu verstehen versuchte, um in Berücksichtigung und Respektierung der kindlichen Bedürfnisse erzieherisch wirksam werden zu können (vgl. ebd., 59). Die folgenden Zitate und die anschließenden Fallbeispiele sollen davon ein Zeugnis abgeben: Erzieher müssen sich "auf den Standpunkt des zu Erziehenden zu stellen, das heißt, bei jeder Erziehungshandlung auf dessen psychische Situation Rücksicht zu nehmen ..." (*Aichhorn, T.* 1976, 41). Sie müssen begreifen, "daß auch jedes Kind eine Originalität ist und keinerlei Berechtigung besteht, eigene Erfahrungen auf ein anderes Kind anzuwenden" (*Aichhorn, A.* 1972, 72 f.). "Die Erziehung ist nur die Vermittlerin zur Entfaltung bereits vorhandener Bereitschaften und vermag nicht, dem Individuum Neues hinzuzufügen" (*Aichhorn, A.* 1977, 12). Und "seelische Erkrankungen (können) vermieden werden [...], wenn die Erzieher, vorwiegend die Eltern, innerhalb der sozialen Gemeinschaft ein geordnetes Leben führen und wenn sie, die Bedürfnisse des Kindes richtig verstehend, ihre Erziehungshandlungen nicht nur den Realitätsanforderungen, sondern auch der Eigenart ihres Kindes anpassen" (*Aichhorn, A.* 1972, 59 f.). "Wir gewinnen die Zuneigung der Jugend, weil wir ihr Freund und Berater sind, der liebevoll auf all ihre Bedürfnisse eingeht und dadurch den erforderlichen erzieherischen Einfluß" (*Aichhorn, T.* 1976, 43) (vgl. These 9c). "Daraus folgt aber, daß wir uns ganz eindeutig auf die Seite des Verwahrlosten stellen [...] Soziale, moralische oder ethische Werturteile helfen uns ebensowenig wie die Parteinahme für Eltern und Gesellschaft" (*Aichhorn, A.* 1977, 64). "Soll die Verwahrlosung behoben, sollen nicht nur deren Äußerungen unterdrückt werden, so bleibt nichts, als zuerst auf die Bedürfnisse der Dissozialen einzugehen ... (ebd., 130). "Die Psychoanalyse bietet dem Fürsorgeerzieher neue psychologische Einsichten, die für die Erfüllung seiner Aufgabe unschätzbar sind. Sie lehrt ihn das Kräftespiel erkennen, das im dissozialen Benehmen seine Äußerung findet, öffnet seine Augen für die unbewußten Motive der Verwahrlosung[30] und läßt ihn die Wege finden, auf denen der Dissoziale dazu gebracht werden kann, sich selbst wieder in die Gesellschaft einzureihen" (ebd., 9). Ist nun aber Verwahrlosung in psychoanalytischer Sicht als Äußerung einer Störung des triebbestimmten seelischen Ablaufs zu verstehen, so ist die "Behebung der Verwahrlosung [...] letzten Endes ein libidinöses Problem, das heißt, das Wichtigste bleiben die Gefühlsbeziehungen des Zöglings zum Erzieher, oder allgemeiner gesagt, zu den Personen seiner Umgebung" (ebd., 133). "Erziehung darf nicht affektives Handeln sein, sondern muß immer bewußtes Bemühen bleiben, aus dem Triebwesen Kind den Kulturmenschen zu bilden" (*Aichhorn, T.* 1976, 96). Gelingt uns selbst eine affektlose Einstellung zum Verwahrlosten, so erfüllen wir damit eine Voraussetzung für eine auch praktisch realisierbare "Psychologie der Versöhnung" (vgl. *Aichhorn, A.* 1977, 130 u. 180).

---

[30] Zur Erläuterung dieser Passage sei auf das erste Fallbeispiel in *Aichhorn*s Buch "Verwahrloste Jugend", S. 17 ff., verwiesen. Dort beschreibt *Aichhorn* sehr ausführlich und beispielhaft das Kräftespiel der psychischen Instanzen und die unbewußten Motive der Verwahrlosung.

Aus dem Buch "Verwahrloste Jugend" geht hervor, und die obigen Zitate sprechen ebenfalls dafür, daß es *Aichhorn* nicht so sehr auf die einzelne Erziehungsmaßnahme und deren psychoanalytischer Begründung als vielmehr auf die Aufdeckung der Verwahrlosungsursache und besonders auf die richtige Einstellung des Erziehers ankam, der durch die psychoanalytische Psychologie "zu einem viel sichereren und tieferen Erfassen der einzelnen Zöglingsmentalitäten" (*Aichhorn, A.* 1972, 82) gelangt. Deshalb hat *Aichhorn* auch kein Erziehungssystem zu entwickeln versucht (wie z.B. *Makarenko* u. a.); sondern aus verstehender Einsicht traf er die richtigen Maßnahmen, die er auf die augenblickliche Situation und den besonderen Fall jeweils abstimmte. Situationen können sich tausendfach ändern, kein Fall gleicht dem anderen (vgl. *Riedmüller* 1966, 579).

5.2.1.1 Fallbeispiel: Ein siebzehnjähriger "Lebemann"

"Wie schwierig manchmal die Übertragung bei stark narzisstischen, das heisst in sich selbst sehr verliebten Zöglingen herzustellen ist, möchte ich Ihnen an einem Zögling des Erziehungsheimes in Oberhollabrunn zeigen. Es handelte sich um einen siebzehnjährigen Lebemann und Spieler (mit Namen Franz), der sich zuerst als Börsenspekulant und dann als Schleichhändler sehr hohe Beträge verdiente. Seine Laufbahn begann er als Kontorist, kam als Fünfzehnjähriger zu einem Winkelbankier, der den intelligenten, sehr verwendbaren Jungen mit Börsenaufträgen betraute und ihm ermöglichte, Geschäfte auch auf eigene Rechnung zu machen. So brachte er 35.000 Kronen zusammen, mit denen er sich selbständig machte. Für das Jahr 1917 war das ein bedeutendes Betriebskapital. Er fuhr nach Galizien und brachte von dort Lebensmittel mit, die er im Schleichhandel weitergab. Das Geschäft warf reichen Gewinn ab. In Wien führte er ein lockeres Leben, trieb sich in Nachtlokalen herum, hielt zweifelhafte Damen aus und verbrachte viel Zeit mit Kartenspiel, das er leidenschaftlich betrieb. Gewinn und Betriebskapital verschwanden. Um sich dieses wieder zu verschaffen, räumte er seiner Mutter den Wäschekasten aus. Diese, nach äusserst trauriger Ehe vewitwet, hatte wiederholt versucht, den mittlerweile siebzehn Jahre alt Gewordenen zu einem ordentlichen Lebenswandel zu bringen. Da es ihr nicht gelang, nahm sie die Hilfe einer Jugendfürsorgeorganisation in Anspruch, die den Jungen zu uns brachte.
Er war einer von denen, die keine besonderen Schwierigkeiten machen, solange man sich mit guter Aufführung in der Anstalt begnügt. Solche Zöglinge sind höflich und zuvorkommend, recht anstellig und zu leichteren Kanzleiarbeiten gut zu gebrauchen. Bei ihren Mitzöglingen wissen sie sich ohne Reibungen einzuleben und erlangen doch bald eine gewisse Führerrolle. Wenn man sich aber näher mit ihnen beschäftigt, wird man die Schwierigkeiten gewahr. Innerlich verkommen, äusserlich aalglatt, geben sie keine Angriffsfläche zu erzieherischen Einwirkungen [...] Die

Übertragung, die gerade bei ihnen sehr stark sein muss, ehe auch nur daran gedacht werden kann, erzieherisch auf sie einzuwirken, ist fast nicht herzustellen. Sie gehören eben zu denen, die sich in der Anstalt nichts zu schulden kommen lassen und sehr bald den Eindruck machen, geheilt zu sein. Sobald sie aber wieder ins freie Leben zurückkommen, sind sie die alten. Bei ihnen ist daher äusserste Vorsicht geboten" (*Aichhorn, A.* 1977, 119 f.).

Da nach einigen Monaten sich immer noch keine Übertragung, im Sinne der Psychoanalyse, bei Franz eingestellt hatte, versuchte *Aichhorn* es mit einem Trick. Er animierte Franz dazu, ohne daß dieser *Aichhorns* Absicht durchschaute, "durchzugehen": Das bedeutet unerlaubtes Verlassen der Anstalt ohne offizielle Entlassung.

Nachdem *Aichhorn* dem Franz geschildert hatte, wie herrlich doch das Leben "draußen", außerhalb der Anstalt sei, war dieser kurz darauf verschwunden und kehrte erst nach zehn Tagen wieder zurück.

"Am zehnten Tage um halb zehn Uhr abends klopfte es an meiner Wohnungstüre. Franz (nennen wir ihn so) war da. Er war körperlich ermattet und seelisch derart in Spannung, dass ich vermutete, nun erzieherisch viel mehr leisten zu können, als ich bei der Provokation seines Durchgehens beabsichtigt hatte. Ich machte ihm keinerlei Vorwürfe wegen seines Durchgehens, die er allem Anscheine nach erwartet hatte, sah ihn einen Augenblick ernst an und fragte ihn dann sofort: 'Wann hast du zum letztenmal gegessen?' - 'Gestern abends.' Ich nahm ihn in meine Wohnung, setzte ihn an meinen Tisch, wo die Familie gerade beim Abendessen war und liess auch ihm anrichten. Franz, der auf alles andere eher gefasst war, kam dadurch so aus dem Gleichgewicht, dass er nicht essen konnte".

(Eine derartig seelenbewegende Wirkung eines völlig unerwarteten Evidenzerlebnisses ist manchem Erzieher aus seiner Praxis wohl bekannt.)

"Trotzdem ich das sah, fragte ich: 'Warum isst du nicht?' - 'Ich kann nicht, darf ich draussen essen?' 'Ja, geh' in die Küche.' Er bekam seinen Teller so lange nachgefüllt, bis er satt war. Es war mittlerweile zehn Uhr geworden. Ich ging zu ihm in die Küche und wandte mich an ihn mit den Worten: 'Es ist schon zu spät, du kannst heute nicht mehr in deine Gruppe gehen, du wirst bei mir schlafen.' Ich bereitete ihm im Vorzimmer ein Lager, Franz legte sich schlafen, ich strich ihm über den Kopf und wünschte ihm eine gute Nacht. Am nächsten Morgen war die Übertragung da, so dass es erzieherisch recht gut mit ihm vorwärts ging ..." (ebd., 122).

Abgesehen von dem Risiko, das *Aichhorn* mit der Anstiftung des Jungen zum Durchgehen auf sich nahm (das soll hier nicht diskutiert werden), war es zu erwarten, daß Franz erst ins Erziehungsheim zurückkehren würde, nachdem das Leben draußen in der Anonymität, denn er war ja nun ein minderjähriger Ausreißer, für ihn mehr oder weniger unerträglich geworden war. Und es ist auch bekannt, daß, durch vorausgegangene Erfahrungen ungünstiger, besonders belastender Lebensumstände, eine gegenwärtig etwas bessere Lebenssituation, in diesem Fall das Leben im Heim, subjektiv eine gewisse Aufwertung erfährt, so daß auf diese Weise eine Identifikation mit den das Heimmilieu mitgestaltenden Personen von Franz eher vollzogen werden konnte. Auch konnte *Aichhorn* das von ihm vertretene Konzept eines "befreienden Verstehens" (siehe oben) und seine wohlwollende, persönliche Fürsorge jetzt zum ersten Mal gegenüber Franz praktisch anwenden. Ferner hatte *Aichhorn*, nachdem die positive Übertragung zustande gekommen war, nun erzieherischen Gesprächsstoff. Er unterhielt sich sicherlich ausführlich mit Franz darüber, wie es ihm ergangen war, über die Belastungen und Leiden, die er in den letzten zehn Tagen ertragen mußte und schließlich auch darüber, was er alles so angestellt hatte.

Mit dem Fallbeispiel wird auch deutlich, daß *Aichhorn* sowohl ein Vertreter einer Erlebnispädagogik als auch einer "Pädagogik der positiven Übertragung" war (vgl. These 9c). Eine moralisierende Predigt über die Annehmlichkeiten des Heimmilieus und über die Probleme und Schwierigkeiten, mit denen man im gesellschaftlichen Leben konfrontiert werden könne, hätte wahrscheinlich kaum erzieherisch gefruchtet. Franz brauchte Realerlebnisse: einmal draußen auf sich allein gestellt und dann die Begegnung mit *Aichhorn* daheim nach seiner Rückkehr.

5.2.1.2   Fallbeispiel: Ein achtzehnjähriger Dieb

"Wir hatten einen achtzehnjährigen Zögling, der wegen Kameradschaftsdiebstählen aus der Kadettenschule ausgeschlossen worden war und der sich auch Haus- sowie Fremddiebstähle hatte zuschulden kommen lassen. Ich übertrug ihm nach einigen Monaten Aufenthaltes bei uns absichtlich die Verwaltung der Tabakkassa [...] Der Gesamtbetrag, der allwöchentlich einlief, betrug 700 bis 800 Kronen, für die damalige Zeit verhältnismässig viel Geld. Den Kassier hatte ich ersucht, den Jungen so zu beobachten, dass dieser davon nichts merke, und mir Mitteilung zu machen, wenn ein Abgang vorkommen sollte. Nach ungefähr vier Wochen wurde mir das Fehlen von 450 Kronen gemeldet. Mir schien nun die Gelegenheit gekommen, den Zögling der Erschütterung und Rührung auszusetzen, um so die Katharsis zu versuchen, obwohl ich noch keine Ahnung hatte, wie das anzufangen wäre. Ich wollte vorerst Zeit gewinnen, ersuchte den Kassier, mir den Zögling erst nachmittags in die Kanzlei zu schicken und ihm nicht zu sagen, dass der Abgang bemerkt worden sei.

Der Junge kam, ich war mir noch immer nicht klar, was ich tun sollte. Ich wollte ihn vorläufig eine Zeitlang um mich haben und machte ihm den Vorschlag, mir beim Abstauben und Ordnen meiner Bücher zu helfen. Was war zu tun? Es musste versucht werden, eine Handlung zu gestalten, in deren Mittelpunkt er selbst steht und die sich so zu entwickeln hat, dass sein ausgelöster Angstaffekt bis zur Unerträglichkeit gesteigert wird; im Augenblick der unvermeidlich scheinenden Katastrophe dieser eine so entgegengesetzte Wendung zu geben, dass die Angst plötzlich in Rührung umschlagen muss. Die durch diesen Affektkontrast hervorgerufene Erregung hat die Ausheilung zu bringen oder einzuleiten.
Im vorliegenden Falle spielte sich das 'Drama' folgendermassen ab: Wir beginnen zu arbeiten. Ich frage ihn um sein Ergehen, um dies und jenes und komme nach und nach auch auf die Tabakkasse zu sprechen. 'Wieviel Geld nimmst du wöchentlich ein?' - '700 bis 800 Kronen.' Wir räumen weiter Bücher ein. Nach einiger Zeit: 'Stimmt dir deine Kasse auch immer?' Ein zögerndes 'Ja', von dem ich aber weiter nicht Notiz nehme. Wieder nach einiger Zeit: 'Wann hast du den grössten Parteienverkehr?' - 'Vormittags.' - Und etwas später: 'Ich muss mir doch einmal deine Kasse ansehen.' Der Junge wird merklich unruhiger, ich sehe es nicht, sondern arbeite mit ihm weiter, lasse aber nicht locker, sondern komme immer wieder auf die Tabakkasse zu sprechen. Als sich sein Unbehagen derart gesteigert hat, dass ich den Zeitpunkt für gekommen erachte, stelle ich ihn plötzlich vor die Entscheidung: 'Du, wenn wir hier fertig sind, werde ich mir deine Kasse ansehen.' (Seit unserem Zusammensein sind ungefähr fünf Viertelstunden vergangen.) Er steht mit dem Rücken zu mir vor dem Bücherkasten, nimmt ein Buch heraus, um es abzustauben und - lässt es fallen. Jetzt sehe ich seine Erregung. 'Was ist dir?' - 'Nichts!' - '-- Was fehlt dir in deiner Kasse?' --- ein angstverzerrtes Gesicht, zögerndes Stammeln: '450 Kronen.' Ohne ein Wort zu sprechen, gebe ich ihm diesen Betrag. Er sieht mich mit einem unbeschreiblichen Blick an und will sprechen. Ich lasse ihn nicht reden, aus dem Gefühl heraus, dass mein Tun auf ihn noch wirken müsse und schicke ihn mit einem freundlichen Kopfnicken und einer entsprechenden Handbewegung weg. Nach ungefähr zehn Minuten kommt er zurück, legt mir die 450 Kronen auf den Schreibtisch mit den Worten: 'Lassen Sie mich einsperren, ich verdiene nicht, dass Sie mir helfen, ich werde ja doch wieder stehlen!' Diese in höchster Erregung hervorgestossenen Worte werden von heftigem Schluchzen abgelöst. Ich lasse ihn niedersetzen und spreche mich mit ihm aus, halte ihm keine Moralpredigt, sondern höre teilnahmsvoll an, was aus ihm herausquillt; seine Diebereien, seine Stellung zur Familie, zum Leben überhaupt und vieles, das ihn beschwert. Der anfänglich überaus starke Affekt wird unter Erzählen und Weinen allmählich schwächer. Schliesslich gebe ich ihm das Geld neuerdings, indem ich ihm sage, ich glaube nicht, dass er nochmals stehlen werde, er sei mir die 450 Kronen wert. Und im übrigen schenke ich sie ihm nicht, er möge weniger rauchen und mir nach und nach den Betrag zurückzahlen. Damit niemand etwas merke, solle er den Betrag in die Kasse zurücklegen. Den Kassier mache ich aufmerksam, dass der Schaden gutgemacht sei und dass er sich von der Sache nichts zu wissen machen möge. Nach ungefähr zwei Monaten hatte ich tatsächlich mein Geld zurückbekommen.
Es ist nicht unwahrscheinlich, dass die grosse Spannungsdifferenz zwischen der Angst, was geschehen würde, wie er sah, dass ich vom Diebstahl wusste, und der Rührung, wie sich die Situation ganz anders als erwartet entwickelt hatte, die Lösung brachte. Praktisch war der Erzie-

hungsfall erledigt, da sich der Junge die kurze Zeit, die er noch bei uns verblieb, sehr gut aufführte. Er ist seit zweieinhalb Jahren als Zeichner in einer grossen Möbelfabrik angestellt und hält sich sehr brav"(ebd., 140).

Aichhorn geht recht geschickt vor. Er überfordert nicht das noch schwach ausgebildete Gewissen des Jungen, z.B. mit der Anschuldigung: "Was bist du eigentlich für ein Mensch! Einfach in die Kasse zu greifen!" Als notorischer Dieb war er derartige Moralisierungen wohl gewohnt, und *Aichhorn* hätte damit nur den Haß des Jungen gegen eine feindlich wahrgenommene Gesellschaft auf sich gezogen. Statt dessen regt *Aichhorn* aber schon das Gewissen des Jungen etwas an, denn die gemeinsame Arbeit in der Bibliothek dürfte letzterer wohl als eine gewisse Auszeichnung aufgefaßt haben, der er sich nicht für wert erachtete. Und die Schuldangst des Jungen, die Angst, sich vor *Aichhorn* und seinen Kameraden durch Aufdeckung der Tat zu blamieren und zudem bestraft zu werden, forciert *Aichhorn* dann geschickt bis zu einem unerträglichen Ausmaß. Die große Spannungsdifferenz zwischen der Angst vor dem von dem Jungen antizipierten Geschehen und der "Rührung" durch den ganz anderen Ausgang der Situation führte dann - nach *Aichhorn* - zur Lösung bzw. zum entscheidenden Umschwung in der bisherigen Haltung des Zöglings. Tatsächlich dürfte hier - mit Bittner gesprochen - mehr als nur der kathartische Effekt der Spannungsentladung und der Rührung im Spiel gewesen sein. Indem die große Schuldangst durch die vergebende und versöhnende Geste des Erziehers vernichtet wird, wird "eine Versöhnung eingeleitet. - Die Gesellschaft, personifiziert im Erzieher, versöhnt sich mit dem jungen Rechtsbrecher, indem sie vergibt, auf Strafe verzichtet, das Schuldgefühl aufhebt"(*Bittner* 1967, 152), (vgl. These 3).

Zudem dürfte die Aufgabe der ratenweisen Schuldrückzahlung, die mit einer gewissen Anstrengung in Form einer Bedürfniseinschränkung verbunden und die von dem Jungen bewältigt wurde, ich-stärkend und - als Wiedergutmachung - das Gewissen entlastend gewirkt haben (vgl. These 2a). Analog wird wohl auch *Aichhorn*s "selbsterfüllende Prophezeiung", indem er dem Jungen zu verstehen gibt, daß er nicht glaube, daß dieser nochmals stehlen werde, von besonderer Wirkung gewesen sein, zumal sie von einer inzwischen libidinös besetzten Person ausgesprochen wurde.

Die beiden obigen Fallbeispiele stellen wohl prägnante Belege dafür dar, wie sehr *Aichhorn* mit seiner psychoanalytisch-pädagogischen Arbeit die herkömmliche Fürsorgeerziehung revolutionierte. - Im Grunde hatte *Aichhorn* dem achtzehnjährigen Jungen die Verwaltung der Kasse in der Absicht anvertraut, ihm eine günstige Gelegenheit zur Rückfälligkeit zu geben, um die ausgeführte Tat hernach erzieherisch nutzen zu können. In einer traditionellen Fürsorgeerziehungsanstalt wäre ein solches Ansinnen sicherlich ein Unding gewesen. Und so war es auch vor allem das pädagogiche Unverständnis der vorgesetzten Behörden, das bald zum Abbruch des *Aichhorn*schen Erziehungsversuches führte.

Aichhorn blieb aber - wie bereits erwähnt - trotzdem seinen pädagogischen Ideen weiterhin treu, wenn auch fortan in einem anderen Arbeitsbereich, nämlich der Erziehungsberatung.

5.2.2   Zur Erziehungsberatung Aichhorns

5.2.2.1 Die Arbeit mit den Eltern

In der Regel begann *Aichhorn* seine Arbeit mit einem Gespräch allein mit den Eltern bzw. einem Elternteil und ließ sich schildern, was ihr Problem mit dem Kinde sei. Eine intensive Beschäftigung mit den Eltern ist für den Erziehungsberater auch deswegen nötig, um sich ein Bild machen zu können von der innerfamiliären Libidokonstellation, die meist wesentlich die Genese der Verwahrlosung mitbedingt. Dabei verzichtet *Aichhorn* im ersten Gespräch auf Hilfsmittel wie Fragebogen, Karteikarte oder ähnliche Schemata. Denn es geht ihm darum, als guter Zuhörer, durch sein Verhalten das freie Assoziieren seines Gegenübers nicht zu beeinträchtigen, sondern anzuregen, so daß schon bei einer ersten Besprechung wichtige Schlüsse gezogen werden können aus der "Reihenfolge der Einfälle (des Mitgeteilten), der Affektbesetzung, aus dem Wechsel im Redetempo (Verzögerung und Beschleunigung), der Änderung im Benehmen ..." (*Aichhorn, A.* 1974, 16).

Diese durch die psychoanalytische Therapie bekannte Technik ermöglicht es, die emotionale Bedeutung des Dargestellten zu erkennen und daraus zu spüren, wo wichtige Einzelheiten absichtlich oder unabsichtlich übertrieben, verkleinert oder verschwiegen werden. Diese Vorgangsweise - so wie *Aichhorn* sie ausführlich schildert - führt dann mit den Eltern in eine Übertragungsbeziehung, die es ermöglicht, elterliches Handeln in eine bestimmte Richtung zu beeinflussen, wenn es zur Erreichung eines bestimmten Zwecks vorteilhaft erscheint (vgl. ebd., 57). In vielen Fällen haben die Erziehungsnotstände mit Problemen der Eltern zu tun, und sofern in diesen Fällen der Erziehungsberater Ratschläge erteilt, ohne ein libidinöses Objekt für sie zu sein, wird er nur ihre Not erhöhen und unbewußten Widerstand hervorrufen. Deshalb muß das Ziel sein, sich mit dem Unbewußten der Eltern in Verbindung zu setzen (vgl. ebd., 60).

Der Kontakt mit dem Unbewußten der Eltern läuft über das eigene Unbewußte des Erziehungsberaters. Da dieser leichter zustandekommt, wenn eine Übertragung sich eingestellt hat, bietet *Aichhorn* schon im ersten Gespräch sich als Libido-Objekt an. Sein Zuhören begleitet er mit eigenen Assoziationen, die um das Warum des Inhalts, die geäußerten Affekte und die Brüche zwischen Gesten und Inhalten entstehen. Um die Situation zu gestalten, orientiert er sich nicht an Richtlinien und Vorbildern, sondern bedient sich seines eigenen Einfühlungsvermögens (vgl. ebd., 61 f.).

Aichhorn erläutert die unterschiedliche Gestaltung planmäßiger Verhaltensbeeinflussung verschiedener Elterntypen: Eltern 1. mit Kindheitstraumata, 2. mit gestörtem Ichideal, 3. ohne neurotische Störungen und 4. mit schweren Konflikten oder Störungen.

Ad 1:*Aichhorn* geht es in solchen Fällen von Erziehungsnotständen primär darum, einen intensiven Kontakt mit dem elterlichen Es herzustellen. - Zur Veranschaulichung seines adäquaten Umgangs mit diesem Elterntyp beschreibt *Aichhorn* einen Fall aus seiner Praxis: Eine neurotische Mutter versucht ihr immenses Zärtlichkeitsbedürfnis allein in ihrer Beziehung zum Sohn zu befriedigen, in dem der Sohn zum partiellen Gattensubstitut wird. Infantile und nicht verarbeitete Triebbedürfnisse der Mutter und ihre unbefriedigende Beziehung zum Ehegatten führten möglicherweise zu dieser einseitigen, unangemessenen Rollenzuweisung für den Sohn, der emotional überfordert mit einer dissozialen Abwehrhaltung reagierte. - In den Gesprächen mit der Mutter - wie oben bereits erläutert - entwickelt sich nun, aus dem hemmungslosen, von Affektentladungen begleiteten Sich-Aussprechen, der Anreiz einer libidinösen Bindung der Mutter an den Erziehungsberater. Sofern ihre neurotische Ich-Struktur ein gewisses passives Verhalten erzeugt, ist es dem Erziehungsberater möglich, in der Übertragungsbeziehung sich unmerklich in ihr Überich "einzuschleichen". Die Mutter wird sodann zu einem vom

Erziehungsberater gelenkten Agieren motiviert. In diesem Falle werden direkte Weisungen zur Milderung des Erziehungsnotstandes nicht als fremdes, sondern als eigenes Wollen empfunden (vgl. ebd., S. 64). Und solange also "die Übertragung der Mutter zum Erziehungsberater fest bleibt, wird sie die Launen des Kindes, seine Verwahrlosungsäußerungen und sein gesteigertes Provozieren ertragen, ohne in die alten Fehler zu verfallen" (ebd., 65).

Auch wird durch die Übertragungsbeziehung ein Teil der mütterlichen Objektlibido vom Sohn abgezogen und auf den Erziehungsberater übertragen. Dies wird vom Sohn als eine gewisse Befreiung, eine Entlastung seines Ich empfunden, das seine Abwehrreaktionen nun etwas einschränken kann. Und so - wie *Aichhorn* es ausführt - gelingt es dem Sohn nach und nach ganz seine Verwahrlosungsäußerungen einzustellen. - Wielange jeweils die Übertragungsbeziehung zwischen Erziehungsberater und Mutter aufrecht zu erhalten ist, hängt von der Schwere des Erziehungsnotstandes ab. Manchmal wird sie dadurch verlängert, daß die Mutter, aufgrund des unbewußten Wunsches immer wieder die angenehme Gesprächssituation in der Erziehungsberatung zu erleben, die Besserung des Kindes zu verhindern sucht. - Indem es dem Erziehungsberater nun aber auch noch gelingt, latente oder bereits früher vorhandene Interessen oder Hobbys der Mutter zu aktivieren, die ja jeweils - im Fachjargon ausgedrückt - Ich-Libido absorbieren, kann er es allmählich wagen, in die Phase der Auflösung der Übertragungsbeziehung überzuleiten, ohne daß die Gefahr der Rückfälligkeit der Mutter allzu groß ist. Das heißt, er regt nun ihren Widerspruch an, so daß sie ihre bisher ausgeschaltete kritische Instanz sukzessive zurückgewinnt und damit einhergehend die dem Erziehungsberater zugewendete Libido von ihm abzieht und anderen Interessen zuwendet.

Aber bei Elterntypen, deren Ich-Struktur ein passives Verhalten weitgehend ausschließt: z.B. Mütter, die es gewohnt sind in der Familie und in zwischenmenschlichen Beziehungen zu dominieren, genügt die bisher beschriebene Form der Herstellung der Übertragung nicht. In der Erziehungsberatung besonders aufgefallen waren Familien, in denen sich das Machtverhältnis der Eltern umgekehrt zum "normalerweise" vorherrschenden gestaltet: Die Mutter als Haupt der Familie beherrscht den Mann und die Kinder. Der "höchste Prozentsatz verwahrloster Kinder" kommt aus diesen Familien (vgl. ebd., 71).[31]

"Unser gewohntes passives Verhalten bei der ersten Begegnung mit Eltern ist diesem Typus Mutter sehr bekannt [...] Sie [...] versucht sofort [...] auch mit uns, was ihr zu Hause immer wieder gelingt [...] Nun geben wir ganz plötzlich [...] unsere passive Rolle auf [...] Erfahrungsgemäß bewirkt dieser plötzliche Umschwung im Verhalten des Erziehungsberaters eine solche Überraschung, daß sich daraus eine besonders gesteigerte Übertragung ergibt" (ebd., 72).

Dabei ist der zeitliche Abstand zwischen passivem Verhalten und Aktivwerden möglichst klein zu halten, damit das Überraschungsmoment entsprechend groß und dadurch die Wirkung tiefgehend sei.

Ad 2: Eine zweite Möglichkeit der Beeinflussung der Eltern ist die "Einfühlung in das Über-Ich der Eltern". Dies ist um so erfolgversprechender, je genauer der Erziehungsberater das Milieu der ihn um Rat Fragenden kennt. Die Eltern müssen zunächst den Eindruck bekommen, daß der Erziehungsberater ihre Über-Ich-Forderungen als richtig anerkennt. Die Übertragung wird nur möglich, wenn sich die Eltern gegenüber dem Erziehungsberater als vollwertig und gleichberechtigt oder aber noch eine Spur überlegen fühlen können.

Aichhorn beschreibt ein Fallbeispiel, in dem ein hinreichend intelligenter Vater durch soziale Umstände sein berufliches Ziel nicht erreichen konnte und nun sein stark beeinträchtigtes Selbstwertgefühl dadurch zu kompensieren sucht, indem er von seinem wenig begabten Sohn hohe Schulleistungen fordert - denn der Sohn soll es einmal besser haben -, wozu dieser aber nicht imstande ist. Solange der Vater nicht "seine so affektiv besetzte Absicht aufgegeben hat", kann er nicht "seinen Sohn als selbständiges Lebewesen, das seine eigenen Wege gehen muß, [...] neben sich leben lassen" (*Aichhorn, A.* 1972, 36).

Die einfache Feststellung dieser Tatsache hätte der Vater abgelehnt. Erst in einer - wie *Aichhorn* sie beschreibt - allmählich und mühsam hergestellten Übertragungssituation, kann der Vater nach und nach die

---

[31] Auch *Mitscherlich* (1963) und *Ziehe* (1975) haben sich mit dem Phänomen einer relativ schwachen Vater- und starken Mutterfigur auseinandergesetzt. Dabei ging es ihnen u.a. um eine Analyse der Entwicklung von Primärnarzißmus und der Beeinträchtigung der Entwicklung von Konfliktfähigkeit bei Kindern und Jugendlichen aus solchen Familien.

Situation mit den Augen des Sohnes sehen lernen, was dann zur Veränderung seiner Ansprüche führte.

Ad 3: Bei nicht-neurotischen Eltern ist eine dritte Möglichkeit der Beeinflussung durch die "Inanspruchnahme des bewußten Ich der Eltern" möglich. Zu diesem Zweck genügt es, ein ausreichendes Vertrauensverhältnis zu schaffen und sich mit dem bewußten Ich der Eltern auseinanderzusetzen.

"Mit Vorschlägen, wie die Eltern sich zu Hause verhalten sollen und wie die Kinder zu behandeln sind, ist häufig unsere Arbeit beendet" (ebd., 27).

Ad 4: Es gibt jedoch auch Fälle, in denen es nicht genügt, daß der Erziehungsberater sich als Übertragungsobjekt in die libidinöse Struktur der Eltern einbringt. So kann es notwendig sein, analytische Hilfestellungen anzuwenden: wie Bewußtmachung und Deutung der Konflikte der Eltern. Dies ist hauptsächlich erforderlich bei Eifersucht der Eltern, bei Abkömmlingen von paranoiden Zuständen, aber auch bei Problemen von Stiefmüttern und von Müttern, die ihre gestörte Liebesbeziehung zum Vater mit dem Kind austragen (vgl. *Aichhorn, A.* 1974, 84 f.).

5.2.2.2 Die Arbeit mit den Kindern und Jugendlichen

Der Erziehungsberater sollte beachten, daß bei seinem Erstgespräch das Kind oder der Jugendliche sich im Vergleich zu seinen Eltern in der ungünstigeren Situation befindet. (*Aichhorn* begründet dies im einzelnen.)
"Das Übergewicht gleicht sich nur dann etwas aus, wenn der Erziehungsberater von Haus aus bewußt dem 'Angeklagten' seine Sympathie entgegenbringt" (ebd., 17).
Dabei soll aber nicht der Versuch unternommen werden, nur zu beschwichtigen und gut zuzureden, da es die Hauptaufgabe ist, die Ursache der vorgestellten Dissozialität zu finden. Grundsätzlich soll der Erziehungsberater sich davor hüten, zu früh zu einer Typisierung oder Schlußfolgerung zu gelangen, weil es einerseits dadurch tendenziell zu einer gewissen Selektion der Wahrnehmungen kommt und bevorzugt solche Momente von Situationen, Verhaltensäußerungen, psychischen und dissozialen Einzelphänomenen wahrgenom-

men werden, die zur Bestätigung der einmal vorgenommenen Kategorisierung sich eignen, und andererseits die dadurch gewonnene Sicherheit nur schwer aufgegeben werden kann. *Aichhorn* erschien es am zweckmäßigsten, mit den einfachsten pädagogischen Mitteln zu versuchen auszukommen, da, sollten diese nicht ausreichen, die nicht schwindende Dissozialität den weiteren Weg weise. Es sollte nicht übersehen werden, daß "in hunderten von Fällen" ohne die Anwendung "psychoanalytischer Kunststücke" ausreichend Hilfe geleistet werden konnte: "Wir verstanden ihre Beschwernisse und Kümmernisse und gaben ihnen die Möglichkeit, ihr unbefriedigtes Zärtlichkeitsbedürfnis bei uns unterzubringen" (ebd., 20).

Es war also nicht jeder "schwere" Fall nur schwer zu lösen. Aber als erschwerend für die Herstellung der positiven Übertragung wirkt der Umstand, daß einerseits die Kinder und Jugendlichen meist nicht freiwillig in die Erziehungsberatung kommen, sondern unter Strafandrohung von den Eltern geschickt werden und andererseits - im Vergleich zur Heimerziehung - viel weniger Begegnungen zwischen Berater und Klient bzw. Klientin dafür zur Verfügung stehen. Auch für die Erziehungsberatung gilt dabei die Regel, daß der Inhalt des Gespräches vom Kind selbst gesteuert wird, und sollte es für den Erziehungsberater notwendig werden, selbst aktiv zu sein, dann nur innerhalb des Interessenkreises des Kindes. Die Initiierung der Übertragung, für *Aichhorn* der wichtigste Schritt in der Kontaktaufnahme mit seiner Klientel (vgl. These 1, S. 22), soll also rasch, möglichst schon beim ersten Gespräch gelingen. Wobei das jeweils gezeigte Verhalten des Kindes richtig gedeutet werden muß, um nicht den Widerstand zu verstärken (vgl. *Aichhorn, A.* 1936, 48). Dem Erziehungsberater kommen hier zwei psychische Mechanismen entgegen: Einmal das "unbewußte Bedürfnis des Kindes nach Anlehnung und Zärtlichkeit" und zum anderen das "unbewußte Bedürfnis nach einer Vaterautorität und einem Identifizierungsobjekt" (*Aichhorn, A.* zit. n. *Steinlechner* 1986, 115). Und als Reaktion auf die Nichterfüllung dieser Bedürfnisse in der Familie kommt es häufig zur Verwahrlosung und den Erziehungsnotstand. Wenn der Erziehungsberater in diesen Fällen als Ersatzperson für die Eltern eintritt, ist die Übertragung auf ihn, nach *Aichhorn*s Auffassung, meist sehr leicht herzustellen. Ebenso ist die Behebung des Erziehungsnotstandes dann meist sehr leicht, soweit die Erziehungsarbeit das Kind betrifft. Größere Schwierigkeiten macht dabei das soziale Umfeld, das einer Änderung manchmal nur schwer zugänglich ist (vgl. *Aichhorn, A.* 1936, 54).

In einigen Fällen eines besonders ungünstigen familiären Milieus, und wenn auch keine Aussicht auf seine Verbesserung bestand, empfahl *Aichhorn* die Entfernung des Kindes aus der Familie bzw. die Unterbringung in einer Pflegefamilie oder Fürsorgeerziehungsanstalt: z.B. bei schweren Zerwürfnissen der Eltern, Kindesmißhandlung oder schwerer Trunksucht eines Elternteils.

Wenn Jugendliche in einem ständigen Konflikt mit den Eltern leben, entwickeln sie Haß gegen diese, der dann zu einer "negativen Übertragung" auf den Erziehungsberater tendiert. *Aichhorn* beschreibt, auf welche Weise er das Zustandekommen einer "negativen Übertragung" zu vermeiden trachtet. Der Erziehungsberater darf dem Klienten keine Angriffsfläche bieten, er muß freundlich sein und darf sich dabei aber nicht anbiedern, weil das sofort als Schwäche erkannt wird und die Aggressionen provoziert. Kraftvoll sicheres Auftreten bei einer freundlich milden Haltung fördert den Übertragungsprozeß und ermöglicht im Verlauf die Identifizierung des Jugendlichen mit dem Erziehungsberater als Vaterautorität (*Aichhorn, A.* zit. n. *Steinlechner* 1986, 117), (vgl. These 1 und 2a und die Fallbeispiele in den Kapiteln 5.2.1.1 und 5.2.1.2). Da es in den meisten Fällen immer wieder zu Uneinigkeiten unter den Eltern kommt, und das Kind lernt, diese zu seinem Vorteil auszunützen, kommt es auch zu Schäden in seiner Realitätsanpassung. "In der kürzesten Zeit hat das Kind zu erleben, daß die Persönlichkeit, die jetzt in sein Leben eingreift, absolut entschlußfähig ist, mit festem und zielsicherem Willen handelt" (ebd.).

Nachdem wiederholt ausgeführt wurde, daß die "positive Übertragung" für *Aichhorn* eine ganz fundamentale, wenn nicht gar die wichtigste Kategorie seiner pädagogischen Praxis darstellt, möchte ich abschließend nicht versäumen, dazu folgendes kritisch anzumerken: So wichtig einerseits die positive Übertragung für Prozesse der Ich-Stärkung und zur Unterstützung erzieherischer Einflußnahmen auch ist - insbesondere im Umgang mit Dissozialen -, so bringt sie andererseits auch Probleme und Gefahren mit sich. Da ergeben sich z.B. die Probleme der starken Anhänglichkeit und der immensen Liebesbedürftigkeit, die für bestimmte Typen von Verwahrlosten in der Übertragungsbeziehung typisch und vom Erzieher irgendwie angemessen zu bewältigen sind. Für *Aichhorn*, von dem *S. Freud* (im Vorwort zum Buch "Verwahrloste Jugend") sagte, daß aus ihm eine Quelle warmer Anteilnahme am Schicksal seiner Zöglinge entsprang und daß er durch intuitive Einfühlung in ihre seelischen Bedürfnisse sich richtig verhielt, stellten sich die obigen Probleme offenbar nicht so sehr, zumindest hat er sie in seinen Schriften nicht stärker betont. Vermutlich konnte *Aichhorn* schon durch seine bloße Anwesenheit, Gestik, Mimik, Körperhaltung, durch seine Persönlichkeitsausstrahlung bereits einen Großteil der emotionalen Bedürfnisse seiner Klienten befriedigen. Deshalb dürfen diese Probleme aber nicht gering eingeschätzt werden, denn nicht jeder Erzieher ist ein "kleiner" oder gar "großer" *Aichhorn*. - Zum anderen kommt es nach der Einstellung einer emotionalen Bindung des Zöglings an den Erzieher irgendwann zum Problem der "Ablösung", und aufgrund der Übertragungsbeziehung werden u.U. auch eifersüchtige Regungen evoziert, die dissoziale Äußerungen begünstigen und einen erzieherischen Erfolg wieder zunichte machen können. (vgl. *Aichhorn, A.* 1977, 141) Diese Probleme sollen also irgendwie vom Erzieher auf adäquate Weise bewältigt werden. Anhand eines Fallbeispieles eines siebzehnjährigen Schuhmachergehilfen, der in *Aichhorn*s Erziehungsberatung kam, beschreibt *Aichhorn* u. a. den Umgang mit der Übertragung und ihren allmählichen Abbau, den Prozeß der Ablösung (siehe hierzu die Ausführung von *A. Aichhorn* 1977, 84 ff.).

Der pädagogisch relevante Prozeß der Übertragung wurde oben bereits anhand von zwei Fallbeispielen abgehandelt. Mit dem folgenden Fallbeispiel möchte ich abschließend noch eine Kostprobe davon geben, mit welchem Geschick und Verständnis *Aichhorn* auf Jugendliche einzugehen verstand und ihnen dabei die Ursachen ihrer Schwierigkeiten entdecken konnte, ohne ihrem Widerstandsstreben eine Chance zu belassen.

5.2.2.3   Fallbeispiel: Eine Achtzehnjährige in Gewissensnot

"Eine Dame der Gesellschaft aus dem Ausland nimmt unsere Hilfe für ihre achtzehnjährige Tochter, die, wie sie sagt, an einer schweren Depression erkrankt sei, in Anspruch. Sie schildert den Zustand des Mädchens so, daß an eine wirklich schwere Erkrankung gedacht werden muß. In der Regel übernimmt die Erziehungsberatung die Behandlung von Depressionen nicht, wir wollen uns aber, bevor wir der Mutter raten, einen Psychoanalytiker aufzusuchen, doch noch näher informieren und nehmen daher ihre Tochter vor.

Schweigend kommt sie bei der Tür herein, schweigend setzt sie sich dem Erziehungsberater gegenüber, und es vergehen Minuten, ohne daß das Schweigen von einem der beiden unterbrochen worden wäre.
Dann beginnt der Erziehungsberater zu sprechen:
'Es wird recht langweilig werden, wenn wir ohne zu reden, einander gegenübersitzen. Ich kann mir gut denken, daß Sie einem fremden Menschen nicht gleich etwas zu erzählen wissen.'
Das Mädchen bleibt schweigsam, scheinbar ganz unbeteiligt.
'Ich mache Ihnen einen Vorschlag', sagt der Erziehungsberater,'lassen Sie sich etwas einfallen, das einige Zeit zurückliegt. Sie brauchen mir den Einfall nicht einmal zu sagen. Das ist gewiß ungefährlich. Wollen Sie?'
'Ja.'
'Haben Sie einen Einfall?'
'Ja.'
'Lassen Sie sich jetzt etwas einfallen, das ungefähr zwei Jahre zurückliegt. Haben Sie einen Einfall?'
'Ja.'
'Sie brauchen mir ihn wieder nicht zu sagen. Aber zwischen diesen beiden Einfällen müssen Beziehungen bestehen. Sie konnten sich nicht einfallen lassen, was Sie wollten. Finden Sie solche Beziehungen?'
'Nein.'
'Doch.'
'Aber nein, sage ich.'
'Ich möchte gern wissen wer recht hat, Sie oder ich. Wollen Sie vielleicht doch mir Ihre Einfälle sagen?' (Dem Erziehungsberater ist es darum zu tun, das Mädchen zum Sprechen zu bringen.)
'Ja.'
'Welches sind Ihre beiden Einfälle?'
'Vor sechs Wochen hat die Prokuristin meines Onkels mir erzählt, daß ihre Tochter ein sehr geschlechtskühles Mädchen sei. - Und vor zwei Jahren wollte mich ein junger Mann küssen, und ich habe abgewehrt.'
'Zwischen diesen beiden Einfällen besteht ja doch ein Zusammenhang.'
'Welcher?'
'Die geschlechtskühle Tochter der Prokuristin und Sie, das Mädchen, das sich nicht küssen läßt.'
'Mir ist ja die Prokuristin nicht wegen ihrer Tochter eingefallen, sondern weil ich mit ihr verrechnen muß.'
'Sind Sie bei Ihrem Onkel angestellt?'
'Nein. Ich trage nur Zahlkarten zur Post und nachher verrechne ich mit der Prokuristin.'
'Werden Sie dafür bezahlt?'
'Nein.'
'Bekommen Sie vom Onkel Taschengeld?'
'Nein.'
'Bekommen Sie von der Mutter Taschengeld?'
'Nein, ich habe überhaupt kein Geld. Ich habe Schulden.'
'Wem sind Sie Geld schuldig?'
'Meiner Freundin.'
'Wieviel sind Sie ihr schuldig?'
'Dreihundert Schilling.'
'Wofür hat sie Ihnen das Geld geborgt?'
'Für eine Arztrechnung.'
'Warum haben Sie den Kindesvater nicht herangezogen, die Kosten der Entbindung zu bezahlen?'
Über diese Frage ist das Mädchen entsetzt und fragt ganz verwirrt:

'Woher wissen Sie das?'
'Sie haben es mir doch gerade selbst gesagt.'
'Ich habe doch kein Wort davon gesprochen.'
'Doch. Ein Mädchen aus Ihrer Gesellschaftsschicht, das von der Freundin dreihundert Schilling für eine Arztrechnung borgt, kann von dem Besuch beim Arzt zu Hause nichts erzählen. Sie waren gezwungen, einen Gynäkologen aufzusuchen.'
Unter heftigem Schluchzen erfolgt nun ein volles Geständnis. Dabei stellt sich heraus, daß Schwangerschaft und Geburt ohne besonderes Aufheben ziemlich ruhig erledigt worden waren. Jetzt aber, einige Monate später, drängt nun die Freundin auf baldigste Rückzahlung der Schuld. Das Mädchen weiß das Geld nicht aufzutreiben und überlegt, die dreihundert Schilling von den Beträgen zu nehmen, die sie auf dem Postamt einzuzahlen hat, und einen Verlust zu fingieren. Dem Onkel gegenüber wäre die Lüge möglich, doch der Prokuristin gegenüber wäre sie nicht aufrecht zu erhalten.
Die Notwendigkeit, die Schuld zurückzuzahlen, die Unmöglichkeit sich das Geld auf redliche Art verschaffen zu können, die Überlegung, das Geld zu entwenden oder es nicht zu tun, das Hin und Her im Für und Wider brachten das Mädchen in einen Gemütszustand, den die Mutter fälschlicherweise als Depression deutet, da sie den wirklichen Sachverhalt nicht kannte.
Wir brachten die Angelegenheit zu einem guten Abschluß..." (*Aichhorn, A.* 1974, 54).

Das obige Protokoll, das eine für die Erziehungsberatung eher untypische Struktur aufweist, macht deutlich, wie wesentlich auch in der psychoanalytischen Beratung der Blick auf aktuelle Konflikte als primäre Ursache oder zumindest als schwerwiegender Auslöser von Störungen sein kann. Mit großen emphatischem und detektivischem Spürsinn findet *Aichhorn* den Grund der Melancholie: Er durchbricht geschickt die Abwehr der Klientin, weil ihr Konflikt primär ein Produkt der aktuellen Lebenskonstellation bzw. in der aktuellen Realität verankert ist und provoziert zunächst eine Affektentladung und leitet dann eine realitätsgerechte Lösung ein (vgl. *Trescher* 1985a, 117): Und zwar in der Verbindung von Aufdecken der seelischen Last und moralischen Schuld auf seiten der zu Erziehenden mit einem verständnisvollen Aufnehmen und Verstehen durch den Erzieher (Erziehungsberater) - *Bittner* spricht in diesem Zusammenhang von einem "befreienden Verstehen" (vgl. These 3) - liegt der Erfolg der *Aichhorn*schen Arbeit. *Aichhorn* gibt der (oder dem) Verwahrlosten ohne viel Worte zu verstehen: "Du darfst mir alles erzählen. Ich werde nichts verurteilen, nicht einmal befremdet sein, nicht werten und ermahnen. Ich werde versuchen, zu verstehen, wie alles gekommen ist" (*Bittner* 1967, 145).

Mit solcher Art des Aufnehmens und Verstehens kann manche Last fortgenommen und damit der Weg zu einer positiven Entwicklung freigegeben werden. Hier wird im Grunde *Freuds* Technik des Zuhörens und Deutens ins Pädagogische gewendet (vgl. ebd., 146).

Deutlich ist in der oben dargestellten Vorgehensweise das Oszillieren zwischen einem deutenden Verständnis, das über weite Strecken des Gesprächs möglicherweise vorbewußt ist, und dem das eigentliche Problem erratenden und indirekt erfragenden, die Abwehr quasi unterlaufenden, aktiven Verhalten *Aichhorns* wahrzunehmen.

Dabei ist *Aichhorn* ganz als Pädagoge engagiert, indem er zunächst um das Vertrauen des Mädchens wirbt und sie dann aber doch mit Fragen geradezu bedrängt. Zugleich geht er unverkennbar analytisch vor, indem er sich scheinbar unverfängliche Dinge erzählen läßt, aus denen er die Zusammenhänge erraten kann (vgl. ebd., 144 und vgl. These 3). "Gerade so arbeitet der Arzt in der psychoanalytischen Behandlung: der Widerstand des Patienten wird gleichsam 'unterlaufen'; der gefürchtete Sachverhalt ist vom Arzt bereits vorwegnehmend verstanden, ehe der Patient ihn ausgesprochen hat ..." (*Loch* zit. n. *Bittner* 1967, 144).

5.3 Zur professionellen Biographie H. Zulligers (1893-1965)

Hans Alfred Zulliger wurde am 21.02.1893 in Mett bei Basel als ältester von vier Brüdern geboren. Da der Verdienst des Vaters als Uhrmacher gering war und durch häufige Arbeitslosigkeit geschmälert wurde, mußte die Mutter in Hansens frühester Jugendzeit durch Fabrikarbeit zum Lebensunterhalt beitragen.

Hans wurde deshalb häufiger zur Beaufsichtigung zu einer mit den Eltern befreundeten Familie gegeben. Die Hausfrau - Frau Kuhn - wurde für Hans eine zweite Mutter.

Über seine leibliche Mutter sagte *Hans Zulliger*: "Sie war eine fröhliche Frau, die häufig sang, mich viele Kinderverse lehrte und die natürliche Gabe besaß, mich in meinen Kindernöten zu trösten, und die es verstand, ein günstiges Kinderstubenklima herzustellen ..." (*Kasser* 1963, 23). Ganz ähnlich beschrieb er auch seine Pflegemutter. -

Nach einem Berufswechsel des Vaters zum Arbeiter in einer Eisenbahn-reparaturwerkstätte ging es den Eltern finanziell etwas besser. Die Mutter konnte fortan zu Hause bleiben und sich mit Heimarbeit begnügen. Den Eltern war es durch große Sparsamkeit gelungen, ein Haus zu erwerben und neben der Arbeit noch Kleintierhaltung zu betreiben.

Das Anwesen lag außerhalb des Dorfes, und *Hans Zulliger* erwarb auf seinen Streifzügen als Knabe in die Seeländer Landschaft seine Liebe zur Natur und Landschaft und seine unerschöpflichen Kenntnisse über die Art und Weise des kindlichen Naturerlebens (vgl. *Burger* 1987, 169).

Nach vier Jahren Grundschule besuchte *Hans Zulliger* das Progymnasium zuerst in Biel und später in Bern. Auf seinen ursprünglichen Wunsch, Musiker (er spielte Horn und Violine) oder Kunstmaler zu werden, verzichtete er, weil er so bald als möglich von der Hilfe seiner Eltern unabhängig werden wollte und trat 1908 ins Lehrerseminar in Bern ein. Er erhielt nach vierjähriger Seminarzeit das Primarlehrerpatent und gleich darauf seine erste und einzige Anstellung als Dorfschullehrer in Ittingen, in der Nähe von Bern (vgl. *Kasser* 1963, 30).

Durch seine langjährige Tätigkeit an einem Ort erhielt *Hans Zulliger* einen tiefen Einblick in die persönlichen Verhältnisse in jeder Arbeiter- und Bauernfamilie seiner Ortsgemeinde und in die Psychodynamik eines mehr oder weniger in sich geschlossenen Teils der Gesellschaft (vgl. ebd., 31).
Er verstand es deswegen immer wieder, Bauern für die Aufnahme eines Pflegekindes zu motivieren[32] und hatte auch selber zusammen mit seiner Frau, einer ehemaligen Lehrerin, neben den drei eigenen Kindern, zahlreiche angenommene Kinder großgezogen.
"Meine vielfältige Arbeit hätte ich nicht bewältigen können ohne meine Frau, die mir unentwegt ein tapferer Kamerad ist [...] Ohne diese Kameradschaft wäre niemals das aus mir geworden, was ich bin. Denn ohne Anfechtungen sowohl von außen als auch von innen vollzog sich meine Entwicklung nicht" (*Zulliger* zit. nach *Kasser* 1963, 34).
Mit den "Anfechtungen" bezog *Zulliger* sich auf die Schwierigkeiten, die er wegen seiner Kontakte zur Psychoanalyse hatte. Vertretern der alten Schulpsychologie und den Schulbehörden mußte die Lehre vom Unbewußten, die sich der Verifikation durch die gewöhnliche Logik zu entziehen schien, als eine gefährliche Häresie vorkommen (vgl. *Kasser* 1963, 35).

---

[32] In diesen pädagogischen Aktivitäten *Zulligers*, ebenso wie in seinen Bemühungen um Veränderung eines ungünstigen familiären Milieus seiner Educanden, wird deutlich, daß *Zulliger* kein gesellschaftsunkritischer Anpassungspädagoge war.

Schon im Seminar war *Zulliger* durch dessen Direktor mit den Lehren *Sigmund Freuds* in Berührung gekommen und erhielt aber den entscheidenden Anstoß, sich ganz der Psychoanalyse zu widmen, durch den Zürcher Pfarrer *Oskar Pfister*. Bei ihm unterzog er sich auch einer Analyse und versuchte fortan die pädagogische Anwendung der Psychoanalyse, *Pfisters* sog. "Pädanalyse", auf dem Gebiete der Volksschule anzuwenden. Während *Zulliger* anfangs seine psychoanalytisch-pädagogische Arbeit, die er als "kleine psychoanalytische Kinderpsychotherapie" bezeichnete, ganz nach dem Vorbilde *Pfisters* verrichtete, hat er in den späteren Jahren psychoanalytische Einzelbehandlungen meist den Kinderpsychoanalytikern und -analytikerinnen überlassen und sich hauptsächlich der psychoanalytisch orientierten Gemeinschaftserziehung und Psychohygiene gewidmet: der "Lehrer als Ich-Ideal" und "Führer der Schülergruppe" ist bezeichnend für diese Schaffensperiode.

Aber sehr bekannt wurde auch *Zulligers* neue Methode der "deutungsfreien Kinderpsychotherapie". Anstatt durch verbale Deutung postulierte und demonstrierte er anhand von Fallbeispielen eine Lösung der kindlichen Konflikte durch Mitagieren in der Spielwelt des Kindes.

Als knappe Persönlichkeitsskizze dieses großen Pädagogen, der, durch Vorträge, Seminare und Vorlesungen über seine psychoanalytisch-pädagogische Arbeit mit Kindern und ein umfangreiches schriftliches Werk, im In- und Ausland sich Gehör verschaffte, möchte ich mit einem Zitat von *Fritz Salomon* über seinen ersten Besuch bei *Hans Zulliger* abschließen:

"Er empfing mich mit seinem unvergleichlich gütigen, einfachen und verstehenden Lächeln [...], ohne daß ich es seinerzeit richtig verstanden hätte warum, gab es keinerlei Spannung, wie sie so häufig zwischen anerkannten Größen und einem wesentlich jüngeren Ratsuchenden [...] eintritt. Seine Einfachheit und tiefe Menschlichkeit machten es mir selbst in diesem ersten Kontakt möglich, mich als Kollege und keineswegs mehr als Schüler zu fühlen" (*Salomon* 1963, 53).

5.4 Zur Psychoanalytischen Pädagogik H. Zulligers

<u>Vorbemerkung</u>

Die Grundsätze der Psychoanalytischen Pädagogik wurden bereits in den Kapiteln 5 bis 5.2.1 und in den Ausführungen zu *Aichhorn* abgehandelt. Auch war *Zulliger* ein Befürworter des *Aichhorn*schen Erziehungskonzeptes. Nur hatte er hauptsächlich mit anderen Klienten als *Aichhorn*, nämlich mit neurotischen und weniger mit Verwahrlosten zu tun. Aus diesem Grunde werde ich dieses Kapitel, um unnötige Wiederholungen zu vermeiden, ziemlich kurz fassen. Auch werde ich auf *Zulliger*s Spieltherapie hier nur kurz eingehen, da sie einerseits eher als Thema einer Monographie für sich geeignet sein dürfte und andererseits das pädagogische Moment darin nicht so stark zum Ausdruck kommt wie in seiner Schulpraxis. Letztere werde ich deshalb etwas ausführlicher abhandeln und auch die Fallbeispiele weiter unten überwiegend aus diesem Arbeitsbereich sowie seiner Pflegekindererziehung auswählen. Andererseits erscheint mir auch günstig, daß mit den von mir vorgenommenen Akzentuierungen und thematischen Beschränkungen eine recht gute Vergleichsmöglichkeit zwischen *Zulliger* und *Aichhorn* gegeben ist. (Dies gilt übrigens auch für den Aufbau meiner Arbeit insgesamt.)

Zulliger betätigte sich unmittelbar nach seiner psychoanalytischen Ausbildung über mehrere Jahre, neben seiner Volksschullehrertätigkeit, als Kinderpsychotherapeut. Sein technisches Vorgehen bezeichnete er als die "reine Spieltherapie" oder auch "deutungsfreie psychoanalytische Kindertherapie". Das bedeutet, daß er als Therapeut in diesem Verfahren keine bzw. nur in seltenen Einzelfällen verbale Deutungen unbewußter psychischer Vorgänge vornahm. Er ließ das Kind entweder sich ausspielen - denn er hatte erkannt, daß allein im Spielen eine Konfliktlösung zustande kommen kann - und fungierte selber lediglich als Schutzmacht oder gab seine Deutungen, indem er mitspielend auf das Tun des Kindes reagierte (vgl. *Schraml* 1968, 173). Wesentlich für den Heilungsprozeß war dabei aber die Herstellung einer guten Gefühlsbeziehung zwischen ihm und dem Kinde, eine positive Übertragung. Konkret bedeutet dies zum Beispiel: *Zulliger* würde einem kleinen Patienten, der im Spiel immer wieder einen Laternenpfahl, als Vatersymbol, umwirft, Gelegenheit dazu geben, im spielerischen Tun männliche und väterliche Funktionen selbst zu übernehmen, um dadurch eine Sublimierung der Aggressionen gegen den Vater anzuregen (vgl. ebd.). Denn *Zulliger* hatte schon früh erkannt, daß der Vorgang der Übertragung bereits für das Kleinkind von besonderer Bedeutung ist, entgegen z.b. der ursprünglichen Auffassung von *Anna Freud*, "wonach der Vorgang der Übertragung beim Kleinkind keine Rolle in der Behandlung spiele, da es noch gar nicht dazu fähig sei" (*Freud, A.* zit. n. *Kasser* 1963, 65). Eine Beobachtung *Zulligers* beim Mitspielen mit einem Kind, und wie er es besonders verstand, in der Sprache des Kindes zu sprechen und mitzuagieren, dürfte auch den Schluß zulassen, daß das obige Postulat *Aichhorns*: "Das Ich soll zum Du werden" weitgehend, wenn auch in einem anderen Praxiszusammenhang, auch für *Zulliger* zutraf.

Allerdings je älter und erfahrener *Zulliger* wurde, um so mehr wandte er sich von dieser Einzelbehandlung von Kindern ab bzw. führte sie nur in seltenen Fällen selber noch durch und überließ die Einzelbehandlung zunehmend den inzwischen zahlreicher gewordenen Kinderpsychotherapeuten, um sich fast ausschließlich nur noch der Gruppenerziehung bzw. der Prophylaxe, dem seelischen Gesundheitsschutz in der Schule und Familie, widmen zu können. Denn er betrachtete fortan Psychoanalytische Pädagogik in erster Linie als kollektiv-sozialpsychologische Angelegenheit (vgl. ebd., 39). In den entsprechenden Schriften *Zulligers* wird sehr anschaulich dargestellt, was die psychodynamisch-analytische Sichtweise im Rahmen des gegebenen Schulsystems zu leisten vermag (vgl. *Zulliger* zit. n. *Bittner* 1967, 111). Aber ein Nachteil der *Zulligers*chen Methode besteht darin, daß sie bis heute nicht methodisch erlernbar ist. Denn seine Ausführungen zu theoretischen Problemen der Erziehung und der kindlichen Entwicklung sind völlig unbefriedigend. Deshalb müßte die Erziehungsberatung ein besonderes Interesse daran haben, die Anregungen, die dieser geniale Praktiker gegeben hat, fruchtbar zu machen, d.h. sie methodisch auszubauen und theoretisch zu begründen (vgl. *Bittner* 1967, 103). Immerhin hat *Zulliger* in seiner psychoanalytisch-pädagogischen Arbeit nicht nur einzelne Erkenntnisse hervorgebracht[33] und "nicht nur eine ausgeklügelte Technik der Kinderanalyse, sondern ausgezeichnete Hilfsmittel für die Diagnose und eine den Kindern angepaßte Prophylaxe, Führung und Therapie" (*Kasser* 1963, 36).

---

[33] Zum Beispiel machte *Zulliger* die Entdeckung, daß neurotische Störungen seiner Klientinnen und Klienten verschwanden, obgleich er ihnen unbewußte Vorgänge nicht gedeutet hatte.

Dabei hat er nicht nur psychoanalytische Erkenntnisse gerechtfertig, sondern wurde zum Anwalt einer humanen Pädagogik. (Das gleiche gilt - wie oben wohl ersichtlich - für *Aichhorn* in seinem Praxisfeld.)

"*Fröbel*s Wort: 'Erziehung ist Beispiel und Liebe - und sonst nichts!' Könnte man über *Zulliger*s Wirken, Helfen und Heilen setzen" (ebd., 44).

5.4.1   Fallbeispiel: Ein Dieb in der Klasse

"Der Klassenkassier meldete eines Tages, in der Reisekasse fehlten fünf Franken. Er legte mir das Kassenbuch vor. Es wurde kontrolliert, was jeder Schüler eingezahlt hatte, und mit den Bucheintragungen verglichen. Die Rechnung des Kassiers stimmte, in der Kasse aber war das von ihm angezeigte Manko.
Nach Schulschluß begleiteten mich ein paar Buben und Mädchen ein Stück Weges und teilten mir ihren Verdacht mit, ein Mitschüler namens Karl habe das Geld entwendet. Denn er habe sich schon in früheren Klassen Diebstähle zuschulden kommen lassen und er klaue auch zu Hause manchmal Geld. Ich riet ihnen zu schweigen, da sie nichts beweisen konnten und den Kameraden möglicherweise ungerecht verdächtigten.
Am darauffolgenden Tag ließ ich während einer Geographiestunde das Tal, dem wir einen zweitägigen Besuch abstatten wollten, erst zeichnen und nachher schilderte ich es mit Begeisterung, malte die Freuden dieser Schulreise aus und versprach, daß es in der Jugendherberge eine 'rassige Nacht' geben werde. Kein Teilnehmer würde diese Reise je vergessen, versicherte ich, und ich fügte bei: 'Auch nicht der blöde Windhund, der uns fünf Franken aus der Reisekasse stibitzt hat. Er kann mich dauern! Uns machts nichts aus. Die Reise kann gleichwohl durchgeführt werden, ob wir den Fünffränkler noch dazu haben oder nicht. Ein blöder Windhund ist er nähmlich, weil er sich selber zum voraus die Erinnerung an die schönste Schulreise seiner ganzen Schülerzeit verteufelt, und darum kann er mich dauern. 'Prächtig war die Reise!' wird er sich einst sagen, 'und ich habe damals Geld gestohlen, das der Klasse gehörte, meinen Kameradinnen und Kameraden. Der Lehrer hat zwar gesagt, es mache nichts, die Reise könne trotzdem genau gleich durchgeführt werden. Aber es war doch gemein von mir!' und er wird keine rechte Freude haben können an der Erinnerung. Ihm wird einfallen, daß ich gesagt habe, er sei ein blöder Windhund, und er wird sich sagen, der Lehrer hat damals recht gehabt [...] Tags darauf teilte Karl meinem Sohne mit, er habe mir fünfzig Rappen aus der Reisekasse genommen, aber er werde sie wieder ersetzen.
Auf seinen Selbstverrat reagierte ich nicht. Und ein paar Tage später meldete mir der Kassier, das Kassenmanko sei ausgeglichen worden.
Die Klasse freute sich.
Ich sagte: 'Das ist recht, der Dieb hat sich da selber den größten Gefallen getan. Ich freue mich für ihn, daß er doch kein so blöder Windhund ist, wie ich glaubte. Wer es war, weiß ich nicht und ich begehre es auch gar nicht zu wissen. Aber bitten möchte ich ihn, er möge mir ebenso heimlich, wie er das Geld fortnahm und wiederum rückerstattete, mal einen

Bericht ins Käßchen legen, was er sich alles gedacht hat: wie er auf die Idee kam, den Fünffränkler zu stehlen, was er sich dachte, wie sich die Klasse und ich verhalten würden, wie er den Diebstahl ausführte, warum er das Geld wieder zurückgab und wie er dies machte, daß ihn niemand erwischte. Er - oder vielleicht war's ein Mädchen? - braucht den Bericht nicht zu unterzeichnen, da ich nicht wissen will, wer es war' [...]
In Karls Verhalten mir gegnüber zeigte sich nichts Auffälliges. Aber er arbeitete schlechter, oft war sein Blick abwesend; sein Gesicht hatte dabei einen gespannten Ausdruck. Er litt und er konnte es nicht ganz verbergen. Mir schien nötig, ihm zu helfen. An einem Vormittage, während die Klasse schriftlich beschäftigt war, ging ich aus dem Zimmer und dann rief ich Karl zu mir [...]
Ich schaute ihn eine Weile stumm an. Er hielt den Blick aus, sah mich aber gequält an. Dann legte ich ihm die Hand auf die Schulter und sprach leise zu ihm: 'Du, Karl, sag mal, bist du wirklich so ein Feigling? Warum legst du mir den Bericht nicht hin?'
Er wurde rot bis über die Ohren, aber er antwortete sofort, ohne lange Überlegung, so daß ich annehmen konnte, er rede die Wahrheit. 'Ich war mit mir uneins, wie ich es machen wollte. Zu Hause sollen sie nämlich nichts wissen. Sonst erhalte ich unmenschliche Prügel. Ich hatte auch nie gute Gelegenheit, ihn niederzuschreiben' [...]
Jetzt machte ich mit Karl folgendes ab: er sollte hineingehen und sich am Nachmittag, wenn ich einen Aufsatz einschreiben ließ, an ein leeres Pültchen setzen, um den Bericht abzufassen. Ich wollte mit seinem Vater über die Sache sprechen und mir versichern lassen, daß er den Buben nicht abstrafe und ihm nichts vorhielt, - dann machte es nichts, wenn einer der Kameraden etwa ausplauderte. Erst nachher sollte der Bericht vor der Klasse vorgelesen werden, und ich würde sie bitten, darüber zu schweigen [...]
Der Vater Karls versprach, nachdem er in den Bericht Einsicht genommen hatte, den Buben in keinerlei Weise abzustrafen. Er war gerührt, als ich ihm den Verlauf der Geschichte erzählte, und sprach die Hoffnung aus, daß sein Sohn sein Versprechen halten könne. Ich versicherte ihm, daß auch ich bestimmt daran glaube" (*Zulliger* 1936, 350 ff.).

Obwohl *Zulliger* kurz nach der Tat erfährt, daß Karl der Dieb gewesen ist, veranlaßt er den Jungen erst viel später, bzw. er gab ihm überhaupt erst dann die Gelegenheit dazu, ihm den Diebstahl zu gestehen. Wichtig ist für *Zulliger* wohl, daß der Erzieher nicht als allzu strenges Über-Ich bzw. Über-Ich-Ersatz für seine Klienten fungiere und daß das Schuldbekenntnis also nicht durch stärkeren äußeren Zwang oder ein In-die-Enge-Treiben des Educandus zustande komme, sondern aufgrund von Einsicht seines eigenen Fehlverhaltens (Regung des Gewissens). Nach *Zulliger*s Auffassung führt zu strenge Erziehung dazu, daß die Fähigkeit zum Sublimieren nicht hinreichend ausgebildet wird, weil das Kind sich dann zu wenig geliebt und geborgen fühlt; und tendenziell die gleiche Auswirkung ergibt sich bei der Verwöhnung, weil durch sie die Anregung zum Sublimieren ausbleibt (vgl. *Burger* 1987, 178). Traditionelle Erziehungsmethoden wie bloße Kritik, Disziplinierung etc. mobilisieren tendenziell Verdrängungsprozesse, die *Zulliger* durch sein Verhalten zu vermeiden sucht. Somit ist das Schuldbekenntnis in diesem Fallbeispiel weitgehend ein Produkt eines erfolgreichen Zusammenwirkens der innerpsychischen Instanzen des Delinquenten (des Karl). Und *Zulliger* ging es andererseits auch darum, ein stärkeres Erlebnis der Gewissenserleichterung mit dem freiwilligen Geständnis zu verbinden. (Dies erinnert auch an Fallbeispiele von *Aichhorn*.)

Die Wahl des geeigneten Zeitpunktes, zu dem ein Pädagoge seinen Klienten zur Selbstbezichtigung ermutigt, ist demnach sehr wichtig. Dieser ist erst gegeben nachdem das Über-Ich bzw. das Gewissen des Delinquenten sich bereits geregt hat.

Andererseits war natürlich wichtig, daß die Tat überhaupt aufgeklärt werden würde, zumal die Mitschüler so leicht nicht locker gelassen hätten, denn sie standen ja alle mit unter Verdacht.

Somit nehme ich an, daß es *Zulliger* von Anfang an um eine restlose Aufklärung ging, obgleich er, vor der Klasse, den Täter zur Abfassung eines anonymen Berichts über die Tatumstände zu ermutigen versuchte. Und nachdem ein solcher Bericht vom Täter zunächst nicht abgegeben wurde, war die Situation aber noch nicht vollends verpatzt. Und es ist ein Beispiel für *Zulliger*s pädagogische Kreativität, eine entsprechende Situation herbeizuführen, die den Mitschülern den Eindruck vermittelte, daß das "schwarze Schaf" in ihrer Gruppe eben doch nicht ganz so schwarz ist. Indem Karl in einer Aufsatz-Stunde einen extra Tisch zur Verfügung gestellt bekam, war er auch bereit den gewünschten Bericht zu schreiben, den er ohnehin schon schreiben wollte; nur fand er bisher keine geeignete Gelegenheit dazu. Somit war auch zu hoffen, daß, nachdem Karls Verhalten im Unterricht dessen Gewissenskonflikte - dem guten Beobachter *Zulliger* - signalisierte, Karls schriftliche Berichterstattung eine adäquate Selbstdarstellung enthalten würde. Und um so stärker durfte demzufolge auch die damit verbundene Gewissenserleichterung und die gewünschte Verhaltensänderung durch Ich-Stärkung (vgl. These 2a und 4) erwartungsgemäß zu veranschlagen sein.

Interessanterweise wird hier auch wieder so eine Art geheimer Bund zwischen dem Pädagogen und seinem Delinquenten geschlossen:[34]

---

[34] Analoge Beispiele für die Gründung eines derartigen geheimen Bundes finden wir auch in einigen Fallbeschreibungen bei *Aichhorn* (und übrigens auch bei *A. Neill*).

In diesem Sinne stellt *Zulliger* dem Karl einen eigenen Tisch zur Verfügung und versichert ihm, daß er dafür sorge, daß die Eltern ihn nicht bestrafen würden.
Derartige diskrete Absprachen zwischen Erzieher und Educandus fördern u.U. die Vertrauensbeziehung zwischen ihnen bzw. haben in dem Falle eine ich-stärkende Wirkung (vgl. These 2a) und können möglicherweise auch manche Störfaktoren ausschließen.

Zulliger begeht auch nicht einen m.E. häufiger zu beobachtenden erzieherischen Verhaltensfehler, der sowohl in einem übertriebenen Moralisieren als auch bestimmten negativen Prognosen zum Ausdruck kommt. (Wie z.B. "Der Apfel fällt nicht weit vom Stamm", "Wer einmal lügt, dem ...")
Statt dessen macht er Karl mit der Äußerung Mut, daß er gar nicht mehr erwarte, daß dieser zukünftig noch stehlen werde. Ein Zuspruch in Form einer sog. "selbsterfüllenden Prophezeiung" wirkt bekannterweise ich-stützend bzw. ich-stärkend. In ähnlicher Weise wirkt auch Karls Versprechen gegenüber der Klasse, daß er zukünftig nicht mehr stehlen wolle. Nach *Zulliger*s Auffassung kommt der Klassengemeinschaft[35] in mehrfacher Hinsicht ein erzieherischer Einfluß auf das Einzelindividuum zu. (Dies soll hier nicht weiter ausgeführt werden; es kann in *Zulliger*s Vortrag, gehalten in Oxford 1929, nachgelesen werden.) Indem Karl den Eindruck bekommt, daß die Klasse oder ein Teil ihrer Mitglieder ihm Glauben schenkt, haben wir es hier mit einem der "selbsterfüllenden Prophezeiung" vergleichbaren Wirkungszusammenhang zu tun. (Dieser läßt sich recht gut mit Hilfe der psychoanalytischen Theorie erklären. Dies soll hier aber nicht weiter ausgeführt werden.)

---

[35] *Zulliger* betont besonders die pädagogisch positive Bedeutung der Klassengemeinschaft bzw. eines angemessenen Gemeinschaftsgefühls. -
Interessanterweise steht *Zulliger*s Auffassung vom Menschen als einem sozialen Wesen, bei dem ursprünglich Sozialstreben bereits angelegt ist, in einem gewissen Gegensatz zu derjenigen *Freud*s. *Zulliger* postuliert ein dem Menschen immanentes soziales Streben, weil er zuallererst ein Körperbestandteil eines anderen Menschen, der Mutter, war (vgl. *Burger* 1987, 178).
Während für *Freud* soziales Streben lediglich das Resultat gewisser Nöte (äußere Not, sexuelle Not, Gewissensnot) ist.

5.4.2 Fallbeispiel: Ein "Prahlhans"

"Es befand sich unter den neu ins 7. Schuljahr eingetretenen Knaben einer mit Namen August, der alsbald durch seine Prahlereien auffiel. Diese standen im umgekehrten Verhältnis zu seinen Leistungen. Im Unterrichte zeigte er nur im Geographiefache eine ungefähr normale Begabung, und er war schon um ein Schuljahr sitzen geblieben. Die Prahlereien äusserten sich ganz besonders in den Zeiten, da die Schüler frei miteinander verkehren durften, also in gewissen Unterrichtsdisziplinen, beim Spielen im Freien, bei Ausflügen und bei 'freien' Aufsätzen.
In den Pausen versammelte August immer eine Schar jüngerer (er war infolge seines Verhocktseins ja um ein Jahr älter als seine Klassengenossen) Kameraden um sich her und schwätzte ihnen mit lauter Stimme etwas vor. Zeichneten wir draussen nach der Natur, so drückte er sich zu den Gruppen, wo nicht gerade der Lehrer stand, kritisierte mit schallender Stimme, lieh dies und das und schimpfte wie ein Rohrspatz über die Geizkragen, die sich nicht von ihren Farbstiften und Gummis trennen wollten. Ganz besonders zeigte sich bei ihm das Missverhältnis zwischen Reden und Vollbringen in den Spielstunden [...] 'Er macht alles mit dem Maul!' war das Urteil der Klasse, und so war es auch " (*Zulliger* 1977, 84 ff.)

Hier wird eine beginnende Fehlentwicklung erkennbar, die den Charakter eines Menschen möglicherweise für das ganze Leben prägen kann. Inwieweit ein - die Charakterentwicklung beeinträchtigender Einfluß einer in der Kindheit des Knaben nicht zum Abschluß gebrachten ödipalen Phase hier mit im Spiel ist wurde von *Zulliger* nicht analysiert. Zwar erkannte er grundsätzlich die unbewußte Motivation des August, gab ihm aber keine Deutungen. *Zulliger* will mit diesem Fallbeispiel - wie unten noch veranschaulicht wird - demonstrieren, daß es einem psychoanalytisch orientierten Lehrer auch ohne eigentliche Analyse gelingen kann, eine beginnende Fehlentwicklung abzubrechen und den Prozeß innerer Weiterentwicklung und Reifung anzuregen.

Es folgen einige "freie" Aufsätze und Schilderungen von Situationen, in denen jeweils August sich produziert und in denen meist eine Komposition aus Prahlereien und Unwahrheiten den Tenor angeben.

"Ein Lustspiel
Als ich noch klein war, da machte ich einmal mit Marie (seiner älteren Schwester) Spiel. Da sagte ich ihr, sie sei eine dumme Kuh. Sie wurde zornig und sprang mir nach. Ich ging zweimal ums Haus und dann sprang ich über das Bord hinab. Als sie ganz nahe kam mit Rennen, da legte ich mich auf den Boden, und Marie stolperte sich an mir und fiel kopfüber und streckte die Beine in die Höhe. Es war gerade zwölf Uhr, und die Arbeiter gingen unten durch, sie mussten laut auflachen. Sie schrien hinauf. Aber seitdem sprang mir Marie nicht mehr sobald nach. Besonders nicht übers Bord nach.

An der Geschichte ist wahr, dass der Junge von seiner älteren Schwester verfolgt wurde, dass er vor Angst - beileibe nicht aus List und Absicht - zusammenfiel und sie über ihn stolperte, jedoch nicht umfiel. Ein Bauernknecht hatte zugesehen und später dem Jungen gesagt, er solle, wenn er von seiner Schwester verfolgt werde, abliegen, damit sie über ihn weg stürze, und wenn er das einmal so recht schön bewerkstellige, so gebe er, der Knecht, ihm einen Batzen [...]
Wir wollten mit den Fahrrädern eine kleine Fahrt an den Biedersee machen. August prahlte, er habe schon zwölf Franken für den Ausflug zusammengespart - niemand hatte so viel Geld wie er.
Der Tag der Reise kam, August besass nicht nur keinen Rappen Geld, er hatte kein Stückchen Brot, weder Messer noch Löffel, noch ein Gefäss für die Suppe und den Tee bei sich, rein gar nichts. Als wir abgekocht hatten, mussten ihm Kameraden alles geben oder leihen.
'Ich habe zu Hause nichts bekommen', meinte er verlegen. 'Und deine zwölf Franken?' fragte jemand. Da lachte er. 'Habt ihr das wirklich geglaubt? Ihr seid noch rechte Kanarienvögeli' [...]
Der Junge stammte, wie bereits angedeutet wurde, aus einer sehr armen und kinderreichen Familie. Der Vater war oft krank, und zu Hause regierte eigentlich die robuste Mutter. Die jüngeren Geschwister suchten die älteren so viel als möglich zu übertölpeln, wie uns der Aufsatz 'Ein Lustspiel' leicht erraten lässt. In der Klasse machte sich August durch seine Prahlereien die meisten Kameraden zu Feinden [...]

Einmal klagten mir Erwachsene, der Bursche prahle so. Sie fragten mich, ob er wirklich mich, seinen Lehrer, im Schwimmen übertreffe, wie er behauptet hätte. Ich antwortete, davon wüsste ich nichts, es sei jedoch nicht ganz unmöglich.
Da man mich als guten Schwimmer kennt, so erklärte man mir nun, was der Knabe sagte, sei offenbare Aufschneiderei, und es gehöre ihm eine tüchtige Ohrfeige.
Gelegentlich mache ich es in der Schule ähnlich wie unsere Irrenanstalten. Diese nehmen einen Kranken nur dann auf, wenn er selbst- oder gemeingefährlich wird oder öffentlich Aergernis erregt. Solange ein Junge, der mit einem Fehler behaftet ist, sich selber und die andern nicht schädigt, greife ich nicht ein.
Im Falle Augusts war der Augenblick jedoch jetzt, wie mir schien, gekommen. Man würde nachforschen, ob der Lehrer dem Schüler die Prahlhanserei 'durchgelassen' habe oder nicht. Ob er, der Lehrer, 'schwach' gewesen sei. Und die Ohrfeige, die dem Jungen gehörte, konnte ihn von einer anderen Hand als der des Lehrers treffen. Es war also in jeder Beziehung angemessen, gegen die Prahlsucht etwas vorzunehmen.
Der Junge wurde vor der versammelten Klasse gefragt, ob er wirklich glaube, er schwimme besser als ich.
'Ich bin vor einer Woche so und so weit geschwommen' kam die indirekte, ausweichende und unsichere Antwort, nachdem schon eingestanden worden war, dass August auf der Strasse wirklich geprahlt hatte, er schwimme besser als der Lehrer.
'Gut. Wir werden also mal ein Wettschwimmen veranstalten!'
Er bestand nicht. Die Zuschauer lächelten. August war geknickt und doch trotzig.
'Es wäre recht, wenn man den Lehrer überträfe. Eigentlich sollte es so sein!' sagte ich. Und zu August gewendet: 'Wenn du dir noch recht Mühe

gibst, so wirst du mich sicher einmal übertreffen. Wenn du einst auch ein Mann bist. Jetzt bin ich halt noch der Kräftigere, und du hast auch noch die kürzeren Glieder als ich!'
Er sagte nichts zu meinem Zuspruch. Aber doch merkte ich, dass dieser ihn ermuntert hatte. In der Folge kam er oft zu mir, so in den Pausen, auf dem Schulwege, in Zwischenzeiten, und sprach mit mir. Nach und nach öffnete er sich, und ich sah seinen grossen Ehrgeiz und seine Minderwertigkeitsgefühle.
'Der Vater ist so klein', meinte er einst. 'Und beständig krank. Und auch Mutter ist nicht gerade gross. Aber die Marie ist gross und stark und der Paul auch. Wie kann man grösser werden als Vater und Mutter?'
'Du möchtest auch gern grösser werden?'
'Ja drum turne ich so gern. Mein früherer Lehrer hat gesagt, er sei noch als bald Zwanzigjähriger zehn Zentimeter gewachsen, nur weil er turnte!'" (*Zulliger* 1977, 84 ff.).

Auch in einem weiteren Traumbericht des August kommt wiederum sein gestörtes Ichideal zum Ausdruck. Er beschreibt, wie er an einem See ein sehr freundliches Ehepaar der gehobenen Gesellschaftsschicht kennenlernte, das ihn in ihrem Haus köstlich bewirtete. Und auf der Heimfahrt dachte er bei sich, dort hätte er lieber bleiben sollen (vgl. ebd.).

Deutlich an diesem Fallbeispiel "Prahlhans" scheint mir die äußerst ungünstige familiale Situation:

Ein kleinwüchsiger, schwacher und kränklicher Vater, eine die Familie regierende Mutter, die von den älteren Geschwistern unterstützt wird, welche den kleinen Bruder August traktieren. Somit ist nicht verwunderlich, daß das Über-Ich und Ich-Ideal bei August sich nicht hinreichend entwickeln konnte.

Nach meiner eigenen pädagogischen Erfahrung ist besonders für ein gestörtes Ich-Ideal hin und wieder ein Verhalten symptomatisch, daß u. a. danach trachtet, ältere oder erwachsene Personen zu übertrumpfen, gerade so als bestünde eine innerpsychische Tendenz, Mängel in der Genese des Ich-Ideals durch besonders hervorragende und das "Größenselbst" ansprechende Selbstwahrnehmungen im nachhinein auszugleichen.[36] In einer gewissen

---

[36] Ich vermute (dies wäre noch zu bearbeiten!), daß von dieser theoretischen Überlegung - als ein erster Anhaltspunkt - ausgehend, sich möglicherweise auch ein Theorieansatz entwickeln ließe, der den in der Historie hin und wieder prononcierten sog. "Demosthenes-Effekt" erklären könnte; nämlich indem, als eine mögliche Alternative, ein zunächst mangelhaftes Ich-Ideal nicht primär zu einer phantasierten, vermeintlichen Selbstdarstellung führt, sondern eher in Form einer Nachentwicklung desselben zu einer besonders aktiven Auseinandersetzung mit der Realität tendiert. Bezug nehmend auf *H. Scarbath* sei unter "Demosthenes-Effekt" das in der Individualgenese seltene und lerntheoretisch mehr oder weniger noch ungeklärte Phänomen verstanden, daß ein Individuum entweder trotz äußerst ungünstiger Ausgangsbedingungen oder trotz widriger Milieufaktoren ganz hervorragende Fähigkeiten entwickelte, sei es geistig-kognitiver oder unternehmerischer Art (Industriellenpersönlichkeit etc.), die in

Analogie hierzu würde ich auch das von *Zulliger* erwähnte Verhalten des August einstufen, daß darin bestand, seine älteren Geschwister zu "übertölpeln".

In diesem Zusammenhang scheint mir besonders wichtig der Hinweis, daß Selbstdarstellungen einer Situation, eines Verhaltensablaufes oder eines individuellen, persönlichen Erfolges, auch wenn diese in keiner Weise der Wirklichkeit entsprechen und ein wahrheitswidriges Phantasieprodukt darstellen sollten, m.E. durchaus, zumindest partiell, temporär oder kurzfristig - in einer u.U. teilweise auch selbstsuggerierenden Wirkung -, eine Ich-Stützung bewirken können. Auch ist das Phänomen bekannt, daß wenn jemand nur oft genug eine unwahre Schilderung oder Selbsterfolgsdarstellung wiederhole, er es am Ende schließlich selber glaubt. Solange ein besonders leistungsschwacher Educandus noch an seine eigene Leistungsfähigkeit glaubt oder zumindest versucht, sie sich einzureden, ist zwar sein Ich aufgrund einer Verkennung der Realität permanent gefährdet, aber ein unmittelbar bevorstehender Zusammenbruch desselben, der ja völlige Entmutigung und Resignation voraussetzen würde, ist noch nicht angezeigt. Somit sei auch der Erzieher grundsätzlich davor gewarnt, z.B. das Prahlen eines Educandus, sei es durch negative Sanktionen oder Lächerlich-Machen etc. quasi einfach abzustellen, denn dadurch würde der Trieb zum Prahlen ja nur ins Unbewußte verdrängt werden und - mit *Freud* gesprochen - permanent psychische Energie absorbieren, um in der Verdrängung zurückgehalten zu werden. Auch scheint mir eine pädagogische Bemühung grundsätzlich verfehlt, die ein neurotisches, deviantes oder delinquentes Verhalten - sei es durch Gegenkonditionierung (vgl. auch Verhaltenstherapie) oder Unterdrückung - primär zu beseitigen trachtet, um her-

---

der Historiographie als außergewöhnlich oder genial gewürdigt wurden. Man nehme z.B., als einen der größten Redner der Antike, "Demosthenes" (möglicherweise ist es auch nur eine Legende), der Berichten zufolge ursprünglich stotterte; oder man nehme das vielleicht nicht ganz so gewichtige Beispiel "Rousseau", dessen Mutter bei seiner Geburt verstarb, der seinen Vater seit seinem 16. Lebensjahr nie wieder gesehen hat, der eine 6-klassige Dorfschule besuchte, keinen Beruf erlernt hatte und zwölf Jahre als Vagabund herumzog, bevor er sich erstmalig als kritischer Schriftsteller betätigte und dann Weltruhm als Philosoph erlangte. Bzw. es geht mir mit dem Beispiel "Rousseau" um den Hinweis auf eine anzunehmende innerpsychische Kraft, die ihn offenbar dazu in den Stand setzte, damals - mehr oder weniger als Autodidakt - erfolgreich an einem literarischen Preisausschreiben der Akademie von Dijón teilzunehmen, um damit seinen literarischen Ruhm zu begründen.

Mit diesem Beispiel einer erfolgreichen Überwindung von Prahlsucht möchte ich, zugleich auch im Sinne eines gewissen Anschlusses an die von *Pestalozzi* postulierte "Selbstkraft" des Individuums, das Postulat eines nur schwer zu erschütternden und auch kontrafaktischen pädagogischen Optimismus bekräftigen.

nach möglicherweise weiter zu wünschenswertem Verhalten zu motivieren. Denn auch ein unerwünschtes Verhalten stellt ja für die innerpsychische Dynamik ein quasi adäquates und notwendiges Verhalten dar. Hierauf wurde auch von *Zulliger* (und auch von *Aichhorn*) besonders hingewiesen.

Statt dessen scheint mir pädagogisch angemessen, einen derart psychisch gestörten Educandus außerhalb des Bereiches, in dem sein abweichendes Verhalten besonders evident ist, bzw. in einem Aufgabenbereich - sei es zunächst auch außerschulisch - in dem er eine gewisse Fähigkeit bereits besitzt, zu irgendeiner und sei es noch so geringen Leistung zu motivieren, um diese dann besonders anzuerkennen und zu loben; und des weiteren den Educandus bei jedem auch noch so kleinen Forschritt bezüglich seines Verhaltens oder einer erbrachten Leistung - wie *Zulliger* sich ausdrückte - zu rühmen, aufzumuntern und ihm Freude an seiner Arbeit angedeihen zu lassen. Letzteres wird von *Zulliger* besonders hervorgehoben und er nahm sich zugleich des August - wie er schreibt - "väterlich und freundschaftlich" an, dadurch konnte er dessen Sehnsucht nach einem höher gestellten Vater kompensieren, und der Junge, vermochte dann auch allmählich das Prahlen ganz aufzugeben.

5.4.3 Fallbeispiel: Eine Angstneurose

Das folgende Fallbeispiel, das ich hier in einer von *W. Datler* (1985) bearbeiteten Fassung zitiere, stammt aus *Zulligers* Buch "Schwierige Kinder" (1963, 59 ff.).

"*Zulliger* berichtet dort von einem achtjährigen Mädchen, das 'eines Nachts aus schwerem Traum aufschrickt, ruft und nachher nicht mehr ohne Licht und ohne die zum Elternschlafzimmer geöffnete Türe einschlafen will'. Im Wissen, daß Träume auf unbewußte Dynamismen verweisen, wendet sich *Zulliger* nun dem Mädchen zu und fragt zunächst nach dem Inhalt ihres bösen Traumes. Dabei entwickelt sich folgender Dialog: 'Ein böser Mann in einem weißen Umhang stieg zum Fenster herein', erzählt das Mädchen und schaudert. 'Er trug ein blitzendes Messer und wollte auf mich losgehen!' Dann ist es erwacht.
'In einem weißen Umhang?' fragt der Helfer, um das Kind zu veranlassen Gedankenverbindungen, sogenannte 'Assoziationen', preiszugeben.
'Ja, weißt du, es war so ein Umhang, wie ihn der Coiffeur trägt, wenn er einem die Haare schneidet. Oder wie man ihn beim Zahnarzt sehen kann!'
'Warst du beim Zahnarzt?'
'Ja!'
'Hat er dir wehgetan?'

'Nein, er hat mir nur die Zähne nachgesehen. Aber in einem Glasschränklein lagen blitzende Zangen und Scheren und Messer oder etwas Ahnliches!'
'Und davor empfandest du Angst?'
'Ich dachte, damit könnte er einem weh tun. So war es auch beim Arzt, der mir einst die Mandeln geschnitten hat. Damals hatte ich 'Angst, große Angst!'
'Erzähle mir noch etwas darüber!'
'Aus dem Nebenfenster kam plötzlich eine weißgekleidete Frau, die hielt mir die Hände, ich konnte mich nicht wehren!'
'Und du befürchtest, es könnte jemand beim Fenster einsteigen? Hat denn schon jemand den Versuch gemacht?'
'Nein, aber meine Freundin hat mir erzählt, daß jemand an einem Samstag in der Nacht am Fenster ihrer großen Schwester gerumpelt hat. Aber ihr Vater hat es gehört und ihn vertrieben.'
Dieses Fragen nach den Trauminhalten, so *Zulliger*, macht deutlich, daß das Mädchen von offenbar unbewußten Gefühlen körperlicher Bedrohung beherrscht wird. Diese angstvollen Gefühle mögen v. a. im Anschluß an die Mandeloperation des Mädchens vehement aufgebrochen sein, wo das Kind ja erlebt hat, 'daß Erwachsene tatsächlich mit schneidenden und stechenden Werkzeugen auf ein Kind losgehen können.' Im Taum erscheinen diese Angste nun mit Erinnerungen an diverse andere schneidende und bedrohliche Personen vermischt und auf eine 'verdichtete' böse Person in weißem Mantel gerichtet worden zu sein.
Das Mädchen drücke in seinem Traum aber nicht bloß ihre unbewußten Angste aus, sondern deute - nach *Zulliger* - auch an, daß es Hilfe vom Vater erwarte. (Die kurze Geschichte ihrer Freundin weise darauf ebenso hin wie das Verlangen des Mädchens nach einer offenen Schlafzimmertüre, um sich so ihrem Vater näher zu fühlen und ihn rufen zu können).
Und genau diesen 'Hinweis' greift *Zulliger* nun auf, wenn er interveniert:
'Schau, da hat dir dein Vater einen Hund (einen Stoffhund) gekauft, der hat Augen, die sehen auch in der Nacht, guck mal her, wie sie glänzen! Den kannst du behalten und aufs Tischchen bei deinem Bettchen stellen. Er hält dann Wache, wenn du schläfst. Und darum kannst du ganz ruhig schlafen! Versuche es nur, du wirst sehen, wie gut es dir gelingt.'
Und *Zulliger* schließt seinen Bericht mit der Bemerkung:
'Die kleine Geschichte ist wirklich passiert und ich kann beifügen, daß das Mädchen mit seinem Stoffhunde glücklich einschlief und nun seit einem Jahr nie wieder aufschreckte und verlangte, daß die Türe offen bleiben müsse, auch nicht, daß man ein Licht brennen lasse" (*Datler* 1985, 68 f.).

(Ein analoges Fallbeispiel eines "pavor nocturnus" eines Viereinhalbjährigen enthält *Zulliger*s Arbeit "Psychoanalyse und Pädagogik" (*Zulliger* 1957, 112 ff.). Darin berichtet *Zulliger* von den Angstzuständen des kleinen Franz, der nicht alleine im dunklen Zimmer schlafen kann, weil er dabei stets einen bedrohlichen Wolf zu sehen glaubt.

Zulliger, der die Auffassung vertrat, daß diese Störung in der ödipalen Rivalität des Knaben mit seinem Vater festzumachen sei, berichtet von folgender Empfehlung: Vater und Sohn sollen gemeinsam ein Öllämpchen basteln, das im Zimmer des Buben aufzustellen sei, um ihn vor dem bösen Wolf zu schützen. Als sich nach Monaten zeigt, daß der Bub auch ohne dem brennenden Öllämpchen einschlafen kann, wird dieses allmählich entfernt. Der Angstzustand ist verschwunden.)

Zulliger erklärt den Heilungserfolg in dem ersten Fallbeispiel damit, daß der Stoffhund von dem noch magisch denkenden Kind als symbolhafter Teil des Vaters begriffen wurde und deshalb tatsächlich Beruhigung verschaffen konnte.

Dagegen weist *Datler* m.E. mit Recht darauf hin, daß eine umfassendere Beschäftigung mit dem Kind vermutlich noch mehr analytisches Material zutage gefördert hätte. Und er stellt eine interessante eigene Interpretation des Fallbeispiels des achtjährigen Mädchens zur Diskussion, auf die ich hier nur verweisen möchte (hierzu *Datler* 1985, 67 ff.).

Mir ging es mit der Aufnahme dieses Fallbeispiels hauptsächlich nur darum: zu demonstrieren mit welch einfachen Mitteln - und unter Verzicht auf Deutung unbewußten psychischen Materials (vgl. These 6) - *Zulliger* eine leichtere Angstneurose mit dauerhaftem Erfolg, wie er selbst sagte, behandelte.

5.4.4 Fallbeispiel: Eine Kinderphantasie - genannt "Sangoiland"

Die pädagogische Bedeutung der kindlichen Phantasie für das kindliche Erleben und Verhalten (Tagträume, selbsterfundene Geschichten, imaginäre Spielgefährten etc.) hat bisher - wenn man von einigen neueren Arbeiten von *Bittner, Fatke, Baacke, G. Schäfer* u. a. absieht - nur wenig Aufmerksamkeit gefunden (vgl. *Fatke* 1981, 181).[37]

Deshalb scheint mir die hier angebotene Interpretation des Fallbeispieles von *Zulliger* (genannt "Sangoiland") in Anlehnung an *R. Fatke*, die über eine von

---

[37] Besonders im Alter von drei bis acht Jahren ist ein Großteil des kindlichen Erlebens und Verhaltens von Phantasie bestimmt. "Dennoch hat dieser wichtige Aspekt des Kinderlebens bisher nur wenig Aufmerksamkeit gefunden: "weder in der Pädagogik, die, was diesen Altersabschnitt betrifft, im letzten Jahrzehnt hauptsächlich mit Begabungsförderung und Intelligenztraining bzw. neuerdings mit Verhaltensformung in Richtung Interaktions- und Diskursfähigkeit befaßt gewesen ist, noch in der Entwicklungspsychologie, die nach allmählicher Lösung vom behavioristischen Paradigma sich nun zunehmend dem epistemologischen Paradigma Piagets zuwendet; noch, wenn ich das recht beurteilen kann, auch in der Psychoanalyse, die sich wohl stärker in den Bahnen entwickelt hat, die von *A. Freud* und *R. Spitz* vorgezeichnet wurden und in denen 'Phantasie' zwar eine Rolle spielt, aber eher im Rahmen von Abwehrfunktionen des Ich oder von regressiven Tendenzen" (*Fatke* 1981, 181).

A. Freud und *R. Spitz* vorgezeichnete Fassung des Phantasie-Begriffes hinaus-
führt und pädagogische Aspekte stärker berücksichtigt bzw. die konkreten
kindlichen Phantasie-Äußerungen darauf befragt, welchen Sinn und welche
Funktion sie für die kindliche Entwicklung schlechthin haben, recht wichtig.
Dabei soll die Interpretation *Zulligers*, seines Fallbeispiels, in der es - weitgehend in der Tradition *A. Freuds* und *R. Spitz'* - um eine Verknüpfung von
infantilen Denkkategorien mit der Trieb-Entwicklung geht, hier mit aufgenommen und zugleich unter einem primär pädagogischen Ductus ein Stück
weitergeführt werden.

In dem Fallbeispiel "Sangoiland" wird von drei Pflegekindern des Ehepaares
Zulliger eine Phantasie[38] von einem fremdartigen Land entwickelt und über
einen Zeitraum von ungefähr drei Jahren fortwährend variiert.
Die drei Kinder, Hanspeter (5 1/2 Jahre), seine Schwestern Lorli (4 Jahre) und
Hanneli (etwas über 2 Jahre) sprechen jeweils von meinem "Sangoi-Land",
wie sie dies Phantasie-Land nannten, entsprechend ihrer jeweiligen psychosexuellen Entwicklungsphase recht unterschiedlich, obgleich die drei Sangoi-
Länder ein und dasselbe Land betreffen (vgl. *Zulliger* 1990, 47).
Wenn Erwachsene hinzukamen sprachen sie in der"Sangoi"-Sprache, eine
völlig sinnlose Sprache, die einfach Laute wahllos aneinanderfügt (vgl. ebd.,
49). Trotzdem gelang es den Erwachsenen - sei es durch eine offene Tür oder
ein Fenster - nach und nach etliche Gesprächssequenzen diskret mit anzuhören.
Die drei Sangoi-Länder der Geschwister lassen sich auf der inhaltlichen Ebene
anhand einiger zentraler Merkmale differenzieren. So ist das Sangoi-Land
Hanspeters, der sich in der phallischen Phase befindet, gekennzeichnet durch
mächtige Tiere, Motoren, hohe Berge und dergleichen Potenzmerkmale. Lorlis
Sangoi-Land enthält anale, harntrieb-erotische Gedankengänge (vgl. ebd., 61)
und später eine Auseinanderstzung mit ihrem Kastrationskomplex und sexuelle
Explorationen.

---

[38] Phantasien sind nicht bloß Gedankenspiele, beispielsweise über schönere, "gerechtere"
Weltverhältnisse, Menschheitszustände etc., sondern auch unbefriedigte Wünsche,
nicht verarbeitete Konflikte bilden Triebkräfte der Phantasie. Also seelisches Geschehen ist Bestandteil der Phantasie-Inhalte, jedoch verbunden mit dem "bewußten,
bewußt bleibenden, wenn auch verschiedengradigen Willen zum besseren Leben",
dem "Willen zum schöpferischen Fortschritt ins Neue" (vgl. *Bloch* 1938 und *Freud*
1908 zit. n. *Fatke* 1981, 184). Phantasie ist die "psychische Repräsentation bevorstehender und möglicher Neuheit" (ebd., 187).

"Dasjenige (Sangoiland, d. Verf.) Hannelis, die als jüngste noch stark im oralen Entwicklungsabschnitt steht, zeichnet sich dadurch aus, daß es darin bestes Essen, süße Getränke und Leckerbissen in Hülle und Fülle gibt [...]
Gewöhnliche Milch trinkt Hanneli im Sangoiland nicht - die Kühe und Ziegen sind aus ihrem Land verbannt. Wenn Hanneli Milch haben will, geht sie zu den Pferden und trinkt Pferdemilch. (Hanneli hat einmal sehr interessiert einem Füllen zugeschaut, das bei einer Stute trank. Vom Geschlechtsunterschied bei Pferden weiß die Kleine noch nichts. Sie hält alle Pferde für männliche Tiere, die Kühe und Ziegen für weibliche. - Wir sehen die Ablehnung der Mutter und die Hinneigung zum Vater - den 'Ödipus' auf der oralen Stufe.) [...]
Im Sangoiland - alle drei Geschwister sind sich darin einig - gibt es keine erwachsenen Personen, nur Kinder ihres Alters und Zwerglein.
Die Zwerglein wohnen in den Höhlen der Berge, und die Geschwister können sie dort besuchen. Aber es muß zuerst ein finsterer, enger Gang durchschritten werden, der einen ängstigt. Man braucht jedoch keine Angst zu haben, denn der Gang führt in einen hellerleuchteten, weiten Raum. Dort ist der Boden mit weichen Teppichen belegt, und auch an den Wänden hangen Tapeten aus Teppichen, so daß man nirgends den Kopf anschlagen kann und Beulen bekommt; falls man umfällt, tut es einem nichts, man schürft nicht einmal die Knie. Überall sind Polster: Polsterstühle, Polsterliegestühle, sogar die Tischkanten sind gepolstert. Wer will, kann liegend essen und trinken, und die Zwerge servieren einem die vorzüglichsten Speisen und Getränke: jeder kann haben, was er begehrt" (ebd., 49 ff.).

In diesem Stück der Sangoi-Phantasie geht es wahrscheinlich um die Bearbeitung des Geburts- und des Entwöhnungstraumas:

Durch die phantasierte Vorstellung von einem Kinderland, in dem die Zufügung eines Leides, das dem Geburtstrauma irgendwie ähnlich ist, von vornherein vermieden wird ("überall sind Polster"), wird dieses offenbar ein Stück weit mitverarbeitet bzw. in seiner Folgewirkung womöglich abgeschwächt. Und die Phantasie von dienstbaren Zwergen, die ja mehr oder weniger mit den gleichen dem Kind Befriedigung ermöglichenden Fähigkeiten wie die "normalen" Erwachsenen ausgestattet sind, aber aufgrund ihrer geringeren physischen Stärke sich den Wünschen des Kindes nach Befriedigung oraler Bedürfnisse kaum widersetzen können, dürfte wohl als eine Bearbeitung des Entwöhnungstraumas zu deuten sein.

Vor allem aber werden in diesem Gegenentwurf zur Realwelt auch Verhaltensmöglichkeiten ausprobiert, die vielleicht durchaus real werden könnten. Also Phantasieproduktionen können als Konstituente von realen Situationen und Verhaltensänderungen fungieren. So geschieht es einmal auch im Anschluß an die Phantasievorstellung nackter Kinder im Sangoiland, die sich anschauen und anfassen dürfen, daß die jüngste Schwester eines Tages ihren Bruder auffordert: "Du könntest uns einmal dein Röhrchen richtig zeigen, so weiß man, wie es aussieht!" (ebd., 53). -

Hier wird also auf einer sehr konkreten Ebene ein Verhaltensmuster zunächst in der Phantasie durchgespielt und dann tatsächlich in eine Realsituation transponiert. Häufiger findet man in solchen Kinderphantasien aber, daß, zunächst einmal auf der Ebene des Selbstbildes, Symbolisierungen in der Phantasie entworfen werden, die mit der künftigen Identitätsfindung der Kinder zu tun haben.

> "Die vielen Buben, die das Sangoi-Land bevölkern und die nicht mit den Geschwistern verwandt sind, sind sehr schlimme Kinder. Denn sie lutschen nicht nur alle am Daumen, sie machen auch in die Hosen und reden wüste Worte, dreckige Worte, die man nicht sagen darf. Hanneli klagt die Sangoi-Buben vor Lorli und Hanspeter an: 'Wißt ihr, was ich wieder hören mußte, was sie miteinander redeten? Man muß sich schämen, es zu sagen!' Hanneli flüstert nur noch. 'Denkt euch, sie reden nur noch vom 'Scheißdreck' und solchen Sachen!' Die Geschwister entsetzen sich, aber alle drei kichern belustigt. 'Das darf man doch nicht dulden', ruft Lorli, und Hanspeter seufzt. Dann droht er mit dunkler Stimme: 'Wißt ihr - es könnte sein, daß ich meine Löwen und Elefanten aussende, die bösen Buben zu strafen!" - Die bösen Buben bessern sich nicht. Sie stellen sich in eine Reihe oder in einen Kreis und defäzieren gemeinsam, um nachher zu untersuchen, wer den größten Haufen produziert hat. Ebenso urinieren sie gemeinsam, schauen, wer seinen Harnstrahl am weitesten wegsenden, wer ihn an einer Mauer am höchsten hinaufspritzen kann [...]
> 'Wenn man schon so groß ist, wie diese Sangoi-Buben', erkennt Hanneli, 'macht man so etwas doch nicht mehr! Denkt euch, ich sah ein Mädchen' - plötzlich sind also auch Mädchen da - 'das den eigenen Kot in die Hand nahm und zerdrückte! Das ist doch eine Schweinerei!' [...]
> Es ist immer warm in dem Lande. Darum - und weil keine Erwachsenen vorhanden sind, die einen auslachen - darf man sich ruhig der Kleider entledigen und nackt umhergehen. Man darf sich auch ungeniert betrachten und befühlen" (ebd., 52 f.).

Evident an diesem Beispiel scheint mir - außer daß Hanneli natürlich ihre analen Bedürfnisse auf dem Umweg über die bösen Sangoi-Buben, aber dann auch über ein Sangoi-Mädchen genießt und Hanspeters Über-Ich den Sangoi-Buben droht -, daß die Kinder in den bösen Buben eine Gegenwehr, ein Aufbegehren gegen die einschränkenden erwachsenen Normen symbolisieren, ein Stück Selbstbestimmung und Veränderung der Gegebenheiten. In diesem Sinne entdeckt Hanneli plötzlich ein Mädchen im Sangoi-Land, und dies bedeutet vielleicht auch eine Vorahnung einer möglichen emanzipatorischen Aufhebung geschlechtsbezogener Doppelmoral und Previlegienausstattung, eine Befreiung von der aufgezwungenen Mädchenrolle. Natürlich zunächst nur in symbolischer Form oder wie *E. Bloch* es formulierte als "Vor-Schein von möglich Wirklichem" (vgl. *Bloch* zit. n. *Fatke* 1981, 184) und noch nicht in der Realwelt. Aber einer Aufnahme in Realverhalten geht ja stets eine entsprechende Vorstellung in der Phantasie voraus.

Während in der psychoanalytischen Betrachtungsweise Phantasieäußerungen vorrangig erscheinen als Manifestationen psychosexueller Entwicklungsphasen, noch nicht gelöster seelischer Konflikte (mit Autoritätspersonen, Geschwistern etc.) oder als Verleugnung der Realität, so impliziert dagegen die pädagogische Sichtweise zugleich eine nach vorn gerichtete Tendenz, das Noch-nicht-Bewußte, "worin sich Neues psychisch meldet oder antizipiert [...] werden kann" (ebd., 182). Das Kind gestaltet mit seinen Phantasien, in symbolischer Form auch Verhaltens- und Handlungsmodelle oder zumindest die Voraussetzung dafür (vgl. ebd., 183).
Hierauf habe sich m.E. auch - und damit beziehe ich mich wiederum auf *R. Fatke* - der pädagogische Umgang mit der Phantasie zu konzentrieren. Also nicht primär die psychoanalytische Deutung einzelner Symbole sei angesagt (wie z.B. der Vater des berühmten "Kleinen Hans" in der Fallgeschichte von *S. Freud* machte), auch nicht ein Ablenken vom Phantasieren (so wie Frau *Zulliger* es mit der Sangoiland-Phantasie machte, indem sie den Kindern reale Geschichten erzählte), sondern schon eher wie der Großvater *Zulliger* sich auf die Kinderphantasie einließ und ihr Phantasieren eher förderte, so daß die Kinder ihn in ihr Sangoi-Land einluden (vgl. These 9a und 9b, S. 24). Für die Kinder bedeutet das, daß sie ernstgenommen werden, daß ihre Weise des Erlebens einen Eigenwert besitzt und nicht nur als difizitärer Modus gegenüber dem Erwachsensein eingestuft wird. Und das emphatische Eingehen Erwachsener auf die Phantasien der Kinder fördert ihre emotionale Sicherheit und ihr Zutrauen zu eigenen Gestaltungsversuchen, zu antizipierten Lebensentwürfen.

Dagegen wird von der Psychoanalyse - z.B. bei *S. Freud* und *A. Freud* - eine bloß regressive Auffassung von Phantasie vertreten. Das kindliche Ich arbeitet in direkter Gegenwehr, zwecks Vermeidung von Unlust, gegen die Eindrücke der Außenwelt und bedient sich dabei der Phantasie, um die Realität für den eigenen Gebrauch nach den jeweiligen Wünschen umzugestalten und dadurch erst ihre Anerkennung zu ermöglichen (vgl. *Fatke* 1986).
Anna Freud (1964) erwähnt in ihrem berühmten Buch "Das Ich und die Abwehrmechanismen" das Beispiel eines siebenjährigen Knaben, der ständig

einen gezähmten Löwen als imaginären Spielgefährten mit sich herumschleppt; und sie deutet dies psychoanalytisch als Prozeß der Bearbeitung von Ängsten, die das Kind gegenüber dem Vater hat. Aber eine pädagogisch offene Sichtweise würde möglicherweise noch andere Deutungen zulassen, z.B. eine Gegenwehr, ganz allgemein, gegen Stärke, Übermacht und Unberechenbarkeit, wie das Kind sie in seiner täglichen Konfrontation mit der Erwachsenenwelt erlebt und damit vielleicht eine Anbahnung bzw. Voraussetzung für eine künftige Entwicklung von Selbstbewußtsein (vgl. ebd.).

6   Abschließende Kritik

Bei meiner Lektüre der Schriften psychoanalytisch orientierter Pädagogen kann ich ein Unbehagen meinerseits nicht verhehlen: Psychoanalytisch orientierte Pädagogen, und dies gilt weitgehend auch für *Aichhorn* und *Zulliger*, stehen überwiegend so sehr in dem Bann des zweifellos großen historischen Verdienstes eines *Sigmund Freud* als Begründer der Psychoanalyse, daß sie selbst in einer theoretischen Reflexion von Praxiszusammenhängen einer weitgehend freiheitlichen Pädagogik *Freud* mit Vorliebe zitieren und sich kaum trauen, *Freud* in einer seiner Grundannahmen oder Hypothesen ganz dezidiert zu widersprechen. Trotz *Freuds* Warnung vor einer mangelhaften Berücksichtigung kindlicher und sexueller Bedürfnisse, vor einer einsichtslosen Strenge in der Erziehung und *zu* sehr hemmender und Trieb unterdrückender erzieherischer Einflüsse in der Erwachsenen-Kind-Beziehung, so war er doch ein Vertreter einer - wenn auch etwas abgemilderteren - repressiven Erziehung, die für ihn auch, in Einzelfällen, um den Preis neurotisierender Tendenzen für den Entwicklungsprozeß vom asozialen Triebbündel "Kind" zum erwachsenen "Kulturmenschen" unverzichtbar ist.

Bezogen auf das Kleinkindalter vertraute *Freud* m.E. zu wenig auf den natürlichen Reifungsprozeß und forderte deshalb - bzw. aufgrund seiner Dissozialitätsthese und spezifischen Auffassung von menschlicher Aktivität u.a. als sublimierte Aggression - "den Hauptnachdruck der Erziehung auf die ersten Kinderjahre, vom Säuglingsalter an, zu verlegen" (*Freud*, S. 1916-17, 348). Nach *Freud* müssen dem Kleinkind gewisse Versagungsforderungen und Frustrationen auferlegt werden, damit es nach und nach aus dem Es ein Ich und später ein Überich entwickeln kann. Die entwickelten psychischen Instanzen helfen dem Individuum dabei, Frustrationen besser zu ertragen und zu verarbeiten und Umweltforderungen gerecht zu werden. Im Zustand einer vollkommenen und versagungsfreien Befriedigung der Bedürfnisse des Kindes, insbesondere des Kleinkindes, zeigt dieses - nach *Freud* - keine hinreichende Eigenaktivität, die quasi als Motor der Ich-Entwicklung fungiert. *Freud* postuliert nämlich ein "Ruhegleichgewicht", das sogen. "homoeostatische Gleichgewicht" als Normalzustand von Passivität, wobei erst eine äußere oder innere Störung desselben die menschliche Aktivität bewirkt. Als charakterisierende Attribute, im Zusammenhang mit der Sexualentwicklung, kennzeichnete er Männlichkeit u.a. mit Aktivität und Weiblichkeit u.a. mit Passivität. Mir geht es aber um eine grundsätzliche Bestimmung des menschlichen Wesens als ein aktives und weniger um eine diskriminierende Differenzierung von männlichem und weiblichem Sexualverhalten. Im Hinblick auf solche Grundsatzbestimmung läßt *Freud* mich mehr oder weniger im Stich. Meines Erachtens kann man, in der oben angedeuteten Hinsicht, sagen, daß *Freud* insofern den Menschen auch als aktives Wesen anerkannte als - nach seiner Auffassung - laufend innere und äußere Störungen der menschlichen Psyche auftreten, die insbesondere das Ich mobilisieren. - Aber die Annahme eines sogen. "Fließgleichgewichts", das bedeutet Tätigkeit, Bewegung und Aktivität als Normalzustand (bzw. als Merkmal lebender Systeme), und nicht als Reaktion auf eine Störung, aufzufassen, widerspricht der *Freud*schen Hypothese (Zur weiteren Erläuterung siehe *Bertalanffy* 1953, *Metzger* 1962 oder *Guss* 1975.)

Diese anthropologischen Grundannahmen *Freud*s (zur Soziabilität bzw. Dissozialität und zum homoeostatischen Gleichgewicht) sind allerdings in der Hauptsache nur für *Freud*s Auffassung von Kleinkinderziehung relevant. Zumal er annahm, daß bei gelungener Erziehung, die im Kleinkindalter mit besonderem Nachdruck zu erfolgen hat, das Kind so um das Alter von vier oder fünf Jahren häufig schon so weithin ein fertiger Mensch ist, daß es fortan nur das hervorbringt, was bereits in ihm steckt (vgl. *Freud*, S. 1916-17, 348). Das bedeutet dann ja, daß Erziehung von diesem Alter ab häufig nur in geringem Maße noch erforderlich ist. - Diesem recht merkwürdigen *Freud*schen Verständnis von repressiver Kleinkinderziehung wird z.B. von *Rousseau* mit seinem Begriff von "negativer Erziehung" ganz dezidiert widersprochen.

Auch könnte der von *Freud* beschriebene Vorgang der Gewissensbildung, der das in der Gesellschaft vorherrschende Erziehungsgeschehen in exzellent anschaulicher Darstellung theoretisch rekonstruiert, nämlich Introjektion von gesellschaftlich-kulturellen Normen, Geboten und Verboten durch das Kind als Reaktion auf erzieherische Zwänge (was auch "Liebesprämien" für gewünschtes kindliches Verhalten impliziert), möglicherweise auch ersetzt werden durch ein freiheitliches, selbsttätiges Integrieren des Kindes in den traditionellen Kulturkreis, sofern man auch ein ursprüngliches Gemeinschaftsgefühl, Streben nach Gruppenzugehörigkeit, Explorationsdrang und spontane Aktivität dem Kinde hinreichend zuspricht. Und die sozialisatorische Komponente von Freiheit im Aufwachsen des Kindes würde dann wohl auch begünstigen die Möglichkeit gesellschaftlich-kultureller Veränderungen wie Abbau der "Ellbogen-Gesellschaft" zugunsten ihrer humaneren, mitmenschlicheren Modifizierung. Daß dies allerdings nur gelingen kann, wenn das Kind in einem für die Entwicklung förderlichen Milieu, mit geeigneten Elternvorbildern und entsprechenden Bezugspersonen u.a. aufwächst, leuchtet wohl ein. Im anderen Fall - denke ich - sind die in der menschlichen Individualgenese überwiegend nachweisbaren erzieherischen Repressalien wohl tatsächlich zum Zwecke des Kulturfähig-Werdens des Kindes zumindest teilweise unverzichtbar. So konnten große, prädestinierte Erzieher (*Pestalozzi, Neill, Aichhorn* u.a.) auch davon glaubhaft berichten wie sie weitgehend vollständig auf Repressalien in ihrer Erziehungspraxis verzichteten; und sie haben damit der *Freud*schen Hypothese von der grundsätzlichen Unverzichtbarkeit der Anwendung von Repressalien in der Erziehung (allerdings meist nur implizit) widersprochen.

Besonders wichtig scheint mir, daß die vom Kind geleisteten Triebverzichte von den erwachsenen Erzieherpersonen nicht als selbstverständlich hingenommen werden, sondern daß sie besonders anerkannt und gewürdigt werden und daß das Kind in Form von angebotenen Möglichkeiten anderer Lust- und Ersatzbefriedigungen dafür entschädigt wird. Anstatt - zu manchen wohl unvermeidlichen Versagungsforderungen und zugefügten Frustrationen seitens der Umwelt, quasi als Preis für die kindliche Enkulturation - dem Kind bewußt und absichtlich noch weitere repressive Versagungen zur Einübung gewünschten Verhaltens vorschnell aufzuerlegen, sollten m.E. Erzieherpersonen, im Hinblick auf einen möglichen Selbstvollzug eines weiteren Entwicklungsschrittes des Kindes, mehr auf eine innere, zur Selbstkultivierung und Versittlichung tendierende Selbstkraft des Individuums (*Pestalozzi*) und meinetwegen auch auf ein schon ursprünglich angelegtes "Gemeinschaftsgefühl" (*Adler*) des Kindes vertrauen. Letzteres motiviert das Kind möglicherweise zu selbst auferlegten Versagungen, insbesondere wenn Bezugspersonen es dazu ermutigen. (Die wichtige Frage, inwieweit die Berücksichtigung solcher Grundannahmen zu einer partiellen Modifikation der klassischen psychoanalytischen Theorie sich eignet oder aber zu einer grundsätzlich anderen Theorie führen muß, kann hier allerdings nicht weiter bearbeitet werden.)

Nach *Freud* wird die Genese der menschlichen Persönlichkeit von der Übermächtigkeit des Liebesstrebens her determiniert. Eine Reihe anderer Verhaltensäußerungen, die für die Individualgenese möglicherweise ebenso wichtig sind, sah er weniger deutlich (wie z.B. Spracherwerb, Erlernen der Motorik, das kindliche Spiel, das zum Kontakt mit den Mitmenschen führt u.a.). - Auch wurde von *Freud* und seinen Schülern der Akzent in der Rekonstruktion der menschlichen Individualgenese etwas einseitig auf eine Analyse der Beziehung des Kindes zu den Eltern oder wichtigen Bezugspersonen gelegt, nämlich wie das Kind auf *diese* seine Triebwünsche, Identifikationsbestrebungen und seine Abwehrmechanismen richtet. Aber umgekehrt die Beziehung der Eltern zum Kind - abgesehen von traumatischen Begebenheiten (Verführung, Kastrationsdrohung u.a.) oder relativ groben affektiven Merkmalen der Eltern - wurde weitaus weniger bzw. kaum analytisch in den Blick genommen (vgl. *Richter* 1967, 305).

Entgegen *Freud* faßte beispielsweise *Zulliger* das Kind von Anfang an (bzw. schon das Neugeborene) als soziales Wesen und Asozialität als Folge von Versagungen und Unterdrückungen natürlicher sozialer Regungen auf, ohne aber den Mut zu haben, *Freud* ganz dezidiert zu widersprechen oder gar für eine partielle Modifizierung der *Freud*schen Theorie zu plädieren.[39] Und *Freud* hätte von seinem Ansatz her wohl nie ein Konzept von Verwahrlostenerziehung unter dem Primat von Güte und Milde (*Aichhorn*) oder von freier Erziehung (*Neill* 1970, *Ritter* 1972 u.a.) entwickeln können.[40] Zwar räumt *Freud* ein, "daß die Erziehung bisher ihre Aufgabe sehr schlecht erfüllt und dem Kinde großen Schaden zugefügt hat" (*Freud* 1932/33, 578). Doch läßt sich von seinem Kulturpessimismus her kein Standpunkt entwickeln, der die problematische Antinomie von Unterdrückung als kulturnotwendigem Übel und als pathogenen Faktor aufzuheben und der Erziehung einen grundsätzlich

---

[39] *Freud* vertrat die Hypothese einer Ur-Asozialität des Menschen. Das heißt, am Anfang der menschlichen Gattungsgeschichte, in der Urhorde, war der Mensch ein asoziales Wesen. Und er entwickelte soziales Streben als Reaktion auf eine dreifache Not (äußere Not, sexuelle Not, Gewissensnot). Dem Menschen ist als archaisches Erbe somit zwar eine Disposition zum Erwerb von Soziabilität mitgegeben, aber ursprünglich - als neugeborener Säugling - ist er asozial.

[40] "Das Kind soll Triebbeherrschung lernen. Ihm die Freiheit geben, daß es uneingeschränkt allen seinen Impulsen folgt, ist unmöglich. Es wäre ein sehr lehrreiches Experiment für Kinderpsychologen, aber die Eltern könnten dabei nicht leben und die Kinder selbst würden zu großem Schaden kommen, wie es sich zum Teil sofort, zum anderen Teil in späteren Jahren zeigen würde. Die Erziehung muß also hemmen, verbieten, unterdrücken und hat dies auch zu allen Zeiten reichlich besorgt. Aber aus der Analyse haben wir erfahren, daß gerade diese Triebunterdrückung die Gefahr der neurotischen Erkrankung mit sich bringt. Sie erinnern sich, wir haben eingehend untersucht, auf welchen Wegen dies geschieht. Die Erziehung hat also ihren Weg zu suchen zwischen der Scylla des Gewährenlassens und der Charybdis des Versagens" (*Freud, S.* 1932/33, 577).

anderen als den von ihm dargestellten Weg zu weisen erlaubt. (vgl. *Guss* 1975, 60).

In Anlehnung an die von *Freud* entwickelte Methode der "freien Assoziation" bot *Zulliger* seinen Schulkindern die Möglichkeit, in freien, assoziativen Aufsätzen und freien Unterrichtsgesprächen über ihre Träume, Tagträume, alltäglichen Begebenheiten und Erlebnisse etc. zu berichten. Und er verfolgte damit wohl zwei Ziele: Neben der Übung in der schriftlichen und mündlichen Darstellung ging es ihm in der Hauptsache um Aufdeckung von psychischen Problemen und Störungen und Möglichkeiten therapeutischer Hilfe. In solchen freien Aufsätzen und Gesprächen geht es aber auch immer um Rekonstruktion und sprachliche Artikulation von kindlichen Phantasien (also überwiegend Es-Regungen). Dies bedeutet eine spezifische Förderung der Ich-Entwicklung, Ich-Stärkung und zunehmende Hinführung zum Realitätsprinzip. Letzteres - was mir auch besonders wichtig ist - wurde allerdings von *Zulliger* m.E. nicht hinreichend reflektiert und theoretisch rekonstruiert.

Zum anderen sind *Zulliger*s theoretische Auffassungen zum Schüler-Lehrer-Verhältnis für uns heute wohl zu sehr befrachtet mit dem Geist einer an der Jugendbewegung orientierten pädagogischen Gruppen-Führermentalität. Diese Auffassung impliziert ja einerseits von seiten des Lehrers einen besonderen Führungsanspruch, er weiß quasi immer, "wo es lang zu gehen hat", ggf. auch Unterschätzung der Selbststeuerungsfähigkeiten seiner Schüler und andererseits möglicherweise, daß der Lehrer zugleich ein guter Kamerad seiner Schüler sein sollte. Abgesehen von der inneren Spannung eines solchen Doppelanspruches sei darauf hingewiesen, daß Personen, die in einer Kameradschaftsbeziehung zueinander stehen, immer auch irgendwelche gemeinsame Ziele, seien es Berufs- oder Lernziele, Zukunftsziele etc. haben müssen. Und derartige intentionale und motivationale Übereinstimmungen sind ja gerade zwischen Schüler und Lehrer kaum gegeben.

Ferner wird *Zulliger* im Lager kritischer Pädagogen überwiegend als relativ "gesellschaftsblind" eingeschätzt. Dem kann ich mehr oder weniger zustimmen. - Aber für *Aichhorn* trifft solche negative Attribuierung nicht gleichermaßen zu. Er erkannte durchaus einige gesellschaftliche und soziale Mißstände in ihrer sozialisatorischen Bedeutung für die Individualgenese, wie aus einigen Andeutungen in meinen obigen Ausführungen hervorgeht.

Bezüglich einer kritischen Würdigung der *Aichhorn*schen Erziehungspraxis fällt einem als befremdend wohl besonders auf seine Methode der Indizierung frei ausagierter Aggressivität bzw. kathartischer Zusammenbrüche ("Wutweinen") bei den dissozialen Jugendlichen. Bereits vielen Zeitgenossen erschien diese Methode als besonders abenteuerlich, z.B. wurde sie von *Zulliger* entschieden abgelehnt.[41] In der heutigen psychoanalytisch orientierten sozialpädagogischen Praxis (Sozialtherapie) ist dieser Ansatz *Aichhorn*s auch nicht integriert. Dagegen wird Dissozialität heute in einem engen Zusammenhang mit narzißtischen und Borderline Störungen gebracht (vgl. *Rauchfleisch* 1981, *Kernberg* 1975 und 1979). Nicht völlig überholt ist aber *Aichhorn*s theoretische Analyse der seelischen Probleme der Schwererziehbarkeit, wie sie im Anhang seines Buches "Verwahrloste Jugend" nachgelesen werden kann (vgl. *Wagner-Winterhager* 1988, 113).

Aichhorn beschreibt, wie er neu aufgenommene Heimzöglinge während der ersten Wochen mehr oder weniger sich selbst überließ und sich überhaupt erst um eine Konstituierung eines erzieherischen Verhältnisses mit einem Neuling im Erziehungsheim bemühte, nachdem dieser sich weitgehend in das Heimmilieu integriert hatte. Hierin nehme ich auch wieder ein etwas Gewalt implizierendes Moment bei *Aichhorn* wahr, das sich nur schwerlich in sein Erziehungskonzept von "Güte und Milde" integrieren läßt: Der Klient ist in einer Phase erhöhter sozialer und psychischer Deprivation, in der er sich mit seinen Nöten und Problemen alleingelassen fühlt, genötigt, sich ein Stück weit erst dem Leben im Heim anzupassen, um überhaupt in eine pädagogische Beziehung mit dem Erzieher aufgenommen zu werden.
Mir scheint, dieser radikale pädagogische Leerlauf in der Eingewöhnungsphase war eher der zweifellos enormen psychischen und physischen Belastung bzw. der Belastbarkeitsgrenze der Heimerzieher geschuldet als daß er - wie *Aichhorn* es versucht darzustellen - als sinnvolles Moment einer theoretischen Reflexion der Verwahrlostenpädagogik sich integrieren läßt. - Wenn *Aichhorn* andererseits sagt, und dies erinnert mich an *Freud*, daß Psychoanalyse dem Erzieher helfen könne, "das Kind aus dem Zustand der Asozialität in den der

---

41 Auch dürfte hier womöglich eine Form von subtiler Gewalt in *Aichhorn*s Erziehungspraxis sich ein wenig nachweisen lassen - und ein möglicherweise sich einstellender erzieherischer Erfolg zugleich mit ihn beeinträchtigenden Nebenwirkungen erkauft werden.

sozialen Anpassung hinüberzuführen" (*Aichhorn, A.* 1977, 10), so möchte ich ihn allerdings gegen den naheliegenden Vorwurf, ein Vertreter einer bloßen Anpassungspädagogik gewesen zu sein, aufgrund seiner Praxisschilderungen in Schutz nehmen. (So konnten seine Heimzöglinge - was damals völlig unüblich war - sich partiell selbst aussuchen, woran sie sich anpassen wollten. Sie konnten sich selbst eine Gruppe suchen, in die sie sich integrieren wollten, und bei ihren Selbstfindungsprozessen, wie oben dargestellt wurde, war *Aichhorn* ihnen besonders behilflich.) Und der Vorwurf: *Aichhorn* förderte nicht Entwicklungsprozesse kritischer Rationalität bei seinen Zöglingen (vgl. *Datler* 1983, 73) - läßt sich relativieren durch den Hinweis, daß nach seiner Auffassung eine hinreichende Förderung derartiger Prozesse bei delinquenten, dissozialen Jugendlichen überhaupt erst auf der Grundlage gewisser - bereits von ihnen vollzogener - gesellschaftlich-sozialer Anpassungsleistungen möglich wird.

Andererseits kommt in der psychoanalytisch orientierten Pädagogik eines *Aichhorn* wie auch eines *Zulliger* wohl eine paternalistische Erzieherrolle bzw. Beraterrolle zur Geltung: Der gute Vater, der zugleich Herr, Helfer und Beschützer seiner Untergebenen und in dieser Rolle mehr oder weniger unanfechtbar ist (vgl. *Scarbath* 1992, 127).

"Nur meine ich, daß Väterlichkeit (im Unterschied zum Paternalismus) heute gerade darin besteht, daß ich bei allem notwendigen Halt-Geben auch meine vermeintliche Stärke und Überlegenheit ständig in Frage stellen muß, daß ich selbst noch gegen den äußeren Augenschein ("kontrafaktisch") die Mündigkeit und Gleichrangigkeit des Partners unterstellen muß und daß ich meine eigene Verwicklung in die zur Debatte stehende Lebensthematik nicht ausblenden darf. Gerade in psychoanalytisch-pädagogischer Sicht fällt mir schon auf, daß wir von den frühen Pionieren der psychoanalytischen Pädagogik, so auch von *August Aichhorn*, wenig bis nichts darüber erfahren, welche Dynamik die jeweiligen 'Fälle' und Szenen in ihnen selbst auslösten und wie sie damit umzugehen suchten." (ebd., 128)

7   Resümee

Die im Einführungskapitel vorgestellten Fragen und Thesen zur Bedeutung der Psychoanalyse für die Pädagogik (Kap. 1.3) und ihre besondere spezifisch pädagogische Relevanz konnten im praktischen Teil dieser Arbeit weitgehend bestätigt werden, wenngleich auch in Anbetracht des Umfanges dieser Untersuchung und der Selektion einzelner exemplarischer Zugänge und Problemstellungen gewisse Beschränkungen in Kauf genommen werden mußten. Wiederum nur in nuce wurde in dieser Arbeit argumentiert, daß *Aichhorn* und *Zulliger* beide keine gesellschaftsunkritischen "Anpassungspädagogen" waren, sondern daß das gesellschaftskritische Potential, daß der Psychoanalytischen Pädagogik der 20er und 30er Jahre meist zugesprochen wird, sich weitgehend auch in ihrer Pädagogik jeweils nachweisen läßt (vgl. Fußnoten 26, 27 u. 32). (Nur versuchten sie - deshalb tritt das zuvor Gesagte nicht immer so evident zutage - im konkreten Einzelfall zu helfen und sich mehr oder weniger illusionslos an den gegebenen Möglichkeiten und Machbarkeiten zu orientieren.)

Selbst wenn es um das erzieherische Ziel ging, den Educandus zu einer Anpassungs- oder Versagungsleistung zu motivieren, so haben *Aichhorn* und *Zulliger* auf unmittelbare Strafandrohung verzichtet und, wie mir scheint, läßt sich selbst eine Drohung mit Liebesentzug in ihrer pädagogischen Praxis kaum nachweisen.
Dies fällt manchen Pädagogen, insbesondere für einen adäquaten Umgang mit Schwererziehbaren, besonders schwer nachzuvollziehen. (Ich vermute, daß eine Aufschlüsselung dieser Problematik zu finden sein dürfte in einer Analyse einerseits der besonderen Qualität ihrer, von ihnen angeregten, jeweiligen Übertragungsbeziehung zum Educandus und andererseits in der Art und Weise wie sie es verstanden, mit der Übertragung und Gegenübertragung umzugehen und zugleich einen Teil der zunächst auf sie gerichteten libidinösen Energie des Educandus auf das besondere Gruppenmilieu und das Gemeinschaftsgefühl umzulenken. Eine entsprechende Untersuchung könnte m.E. noch einige pädagogisch relevante Aufschlüsse erbringen!)

Folgende Kennzeichnungen zur praktischen Pädagogik scheinen mir u. a. besonders angebracht: die Erziehungskonzepte *Aichhorn*s und *Zulliger*s jeweils mit dem Attribut (1) "personorientiert-dialogisch" (Kap. 2.2), dasjenige *Aichhorn*s zusätzlich mit (2) "therapeutisch-versöhnend" (Kap. 5.2 und 5.2.1.2) und (3) partiell "identifizierend" (gemeint ist eine Identifikation *Aichhorn*s mit seinen Klienten: Kap. 5.2 und 5.2.1) sowie dasjenige *Zulliger*s mit (4) "therapeutisch-deutungsfrei" (Kap. 5.3, 5.4.2 und 5.4.3). Ferner setzen beide (*Aichhorn* und *Zulliger*) in ihrer pädagogischen Praxis - auch besonders im Zusammenhang mit der Herbeiführung von emotional tiefgreifenden Erlebnissen (Kap. 5.2.1.1, 5.2.1.2, 5.2.2.3 und 5.4.1) - ganz zentral und fundamental auf die pädagogisch-therapeutische Kraft, die in der positiven Übertragungsbeziehung freigesetzt wird.

Mit diesen formelartigen Benennungen sei in nuce folgendes gemeint:

Ad 1:   Einer personorientiert-dialogischen Erziehungspraxis im Sinne von *Aichhorn* und *Zulliger* geht es um eine Pädagogik "vom Kinde aus" (Kap. 2.2, 5, 5.2, 5.2.1 und 5.4). Das bedeutet, daß pädagogische Überlegungen und Handlungen vom je konkreten Kind bzw. Heranwachsenden und seiner Individualität auszugehen und seine Alters- und Reifestufe, seine Verständnismöglichkeit und Handlungsfähigkeit insgesamt zu berücksichtigen haben. (Damit ist grundsätzlich auch eine weitgehende Ermöglichung individueller Selbstbildungsprozesse impliziert.) *Aichhorn* war in seinen Dialogen mit Klienten stets bemüht, eine - der freien Assoziation in der klassischen Psychoanalyse - ähnliche Situation zu stiften (Kap. 5.2).
Und das gleiche gilt weitgehend auch für *Zulliger*s freie Unterrichtsgespräche (Kap. 2.2) und seine deutungsfreie "Spaziergang-Therapie", die in dieser Arbeit allerdings nicht mehr analysiert werden konnte.

Ad. 2:   Das therapeutisch-versöhnende Moment in seiner Erziehungspraxis begründet *Aichhorn* einerseits mit der psychoanalytischen Erkenntnis der grundlegenden Bedeutung jugendlicher Gefühlsbindungen für ihre Individualgenese (Kap. 5.2, 5.2.1, S. 66 ff., 5.2.1.1 und 5.2.1.2) und andererseits mit der konfliktlösenden Wirkung emotionaler "Rührung", ausgelöst durch die versöhnende Haltung des Erziehers (Kap. 5.2.1.2).

Ad 3:   *Aichhorn*s Postulat einer Identifizierung des Pädagogen mit seinem zu Erziehenden läßt sich m.E. recht gut mit einer Formulierung *Tillich*s erläutern: "Man kann eine genaue detachierte Kenntnis einer anderen Person haben, ihres psychologischen Typs und ihrer berechenbaren Reaktionen. Aber indem man dies kennt, kennt man nicht die Person, ihr zentriertes Selbst, ihr Wissen von sich selbst. Nur durch die Partizipation an ihrem Selbst, durch das Vollziehen eines existentiellen Durchbruchs in das Zentrum ihres Wesens wird man sie in der Situation dieses Durchbruchs zu ihr kennen" (*Tillich* zit. nach *Dworschak* 1981, 97). Oder wie *Aichhorn* sagte: "Das Ich soll zum Du werden" (ebd.), (Kap. 5.2). Denn die genaue Kenntnis von der Person des Educandus, seiner psychischen Strukturen und Kräfteverhältnissen, ist nach *Aichhorn* eine Voraussetzung dafür, daß ein Pädagoge dem Educandus bei der Lösung seiner innerpsychischen und äußeren Konflikte mit der Umwelt wirklich helfen könne. Neben diesem Aspekt eines besseren Sich-Hineinversetzen-Könnens in den Educandus infolge einer Identifizierung mit ihm kommt wohl noch ihre Wirkung in Form einer tendenziellen Stärkung von Elementen positiver Selbstwahrnehmung, auf seiten des Educandus, als günstig für den pädagogischen Prozeß hinzu.

Ad. 4: Das therapeutisch-deutungsfreie Moment in *Zulliger*s therapeutischen Interventionen wird oben in zwei Fallbeispielen veranschaulicht (Kap. 5.4.3).

Der erfolgreiche Verzicht auf das Deuten unbewußten psychischen Materials in *Zulliger*s Kinderpsychotherapie läßt sich damit begründen, daß einerseits das verbale Erklären für das Kind nicht die gleiche Bedeutung wie für Erwachsene hat, da es noch ganz dem magischen Denken verhaftet ist und keine hinreichende Fähigkeit zum Rationalisieren besitzt, und andererseits *Zulliger* es mit besonderem Geschick verstand, wie die obigen Fallbeispiele demonstrieren, dieses magische Denken für den Heilungsprozeß zu nutzen.

8   Schlußbetrachtung

Von pionierhafter Bedeutung waren *Zulligers* psychoanalytisch und pädagogisch relevanten Beobachtungen, die er direkt an Kindern durchführte (Tatsachenforschung), während bis dahin Kindheitsereignisse und -erlebnisse häufiger nur auf dem Wege der Erwachsenenanalyse und dann meist nicht ohne, durch Interpretation, Phantasie und Gedächtnislücken bedingte Verfälschung zutage gefördert wurden. In einer Reihe von Fallbeispielen *Zulligers* wird deutlich - und er hat dies wohl auch weitgehend selbst erkannt -, daß im kindlichen Spiel nicht nur innere Abhängigkeiten von Trieben und Abwehrmechanismen symbolisiert werden, sondern auch Formen des Selbstentwurfs, der Verständigung mit der sozialen Umwelt und Möglichkeiten kreativen Umgangs mit Dingen (vgl. *Schäfer* 1986, 36).
(Im Fallbeispiel der Kinderphantasie, Kap. 5.4.4, wird diese Problematik auch mitdiskutiert.) Und *Zulliger* hat zweifellos die Deutung des Kinderspiels durch sein psychoanalytisch-pädagogisches Handeln bereichert. Andererseits wurden damit auch Fragen aufgeworfen, die bis heute noch nicht hinreichend geklärt sind (Forschungsdesiderat) (vgl. ebd., 34).
Neben seiner kindertherapeutischen Praxis ist *Zulliger* auch als Pionier Psychoanalytischer Pädagogik im Bereich der Schulpädagik hervorgetreten. Nachdem er *Pfisters* Methode ("Pädanalyse") der psychoanalytischen Behandlung von Erziehungsschwierigkeiten zunächst in der Schule anwandte, ergänzte er schließlich diese im Wege der Beeinflussung nicht nur einzelner Schüler, sondern der Klasse als sozialer Einheit (vgl. *Bittner* 1970, 397). Denn er hatte die Entdeckung gemacht, daß die pädagogische Praxis häufig primär von (meist unbewußten) Gruppenprozessen und weniger von geplanten Beziehungen geprägt ist.
Sein Konzept der Gruppenerziehung, daß oben bereits angesprochen wurde und in dem es u. a. weitgehendst um Vermeidung libidinöser Paarbildungen geht, besitzt heute noch weitreichende Gültigkeit (vgl. *Trescher* u. a. 1987a, 7). Von der Art der Klassenführung sollte die erzieherische Wirkung ausgehen. Es ist m.E. zu vermuten, daß nicht die massenpsychologischen Gesetze im Sinne *S. Freuds*, worauf *Zulliger* besonders rekurrierte, die entscheidende Determinante waren, sondern die Wirkung der Persönlichkeit *Zulligers*.

Ebenso wie *Zulliger* zählt auch *Aichhorn* zu den charismatischen Pädagogen, d.h. die Wirkung, die von seiner Persönlichkeit ausging, war von besonderer

Bedeutung für sein pädagogisches Geschäft. Deshalb forderte er u. a. auch, daß die Persönlichkeitsbildung und Selbsterziehung eine primäre Aufgabe eines Pädagogen sein solle.

Das folgende *Freud*-Zitat, in dem eine wichtige allgemeine Bedeutung der Psychoanalyse für die Pädagogik bzw. für eine pädagogische Beziehungslehre sich ausdrückt, verstand wohl kaum ein Pädagoge besser zu befolgen als *Aichhorn*: "Wenn sich die Erzieher mit den Resultaten der Psychoanalyse vertraut gemacht haben, werden sie es leichter finden, sich mit gewissen Phasen der kindlichen Entwicklung zu versöhnen [...] Sie werden sich eher von dem Versuch einer gewaltsamen Unterdrückung dieser Regungen zurückhalten ..." (*S. Freud* 1913, 419).

Aichhorn besaß offenbar ein hervorragendes, durch psychoanalytisches Wissen vertieftes Verständnis für diese Regungen und den angemessenen pädagogischen Umgang mit kindlichen und jugendlichen Problemen und Konflikten. Demzufolge lehnte er jegliche Form von erzieherischem Zwang und Bestrafung ab. Kindliche Regungen, die sich als Verwahrlosungsäußerungen manifestierten, stellten für *Aichhorn*, als Resultat eines innerpsychischen Kräftespiels, ein adäquates Verhalten dar. Deshalb vermied er es, unmittelbar und direkt auf sie einzuwirken. Damit wurde er quasi zum "Revolutionär" unter den Verwahrlostenerziehern. Und vielleicht erklärt ein gewisser Mangel eines solchen Verständnisses, in pädagogischen Kreisen, teilweise auch die Behauptung *Redl*s, daß jedermann *Aichhorn*s Einsichten zwar zustimme, aber Ausreden finde, sie im konkreten Einzelfall anzuwenden (vgl. *Schindler* 1981, 105).

Die Psychoanalyse hat ihre pädagogische Relevanz erwiesen, indem sie *Aichhorn* und *Zulliger* half, ihren Aufgaben bei der Erziehung von verwahrlosten und neurotischen Kindern und Jugendlichen in einem neuen, umfassenderen Sinne gerecht zu werden.

Aichhorn und *Zulliger* waren beide, in diesem Punkte bin ich mir recht sicher, keine Vertreter einer "Machbarkeitspädagogik".
Ihre Pädagogik erinnert mich, zumindest partiell, jeweils eher an eine Befreiung einer verschütteten, und in dissozialer oder neurotischer Verstrickung blockierten, inneren "Selbstkraft". (Vgl. *Pestalozzi*s Anthropologie und

Pädagogik-Verständnis. Dies kann hier allerdings nicht weiter ausgeführt werden.)

Einige Aufschlüsse für die praktische Pädagogik erbringen könnte vermutlich noch die Herausarbeitung der spezifischen Strukturen des "befreienden Verstehens" bzw. einer durch die Momente der Milde und Versöhnung grundlegend bestimmten pädagogischen Beziehungsstruktur: bei *Aichhorn*; und einer entsprechenden, grundsätzlich nicht-direktiven, freundlich-verständnisvollen und spezifisch mit gezielten Interventionen verknüpften Beziehungsstruktur: bei *Zulliger*. Und zwar die Aufschlüsse, die hier hervorgebracht werden könnten, beziehen sich nicht nur auf den pädagogischen Umgang mit Dissozialen und Neurotikern, sondern auch auf die Allgemeine Pädagogik und damit auch auf die Möglichkeit einer Förderung beiderseitiger Prozesse des "Wachstums" bzw. der "Selbstentfaltung" beim Educandus und Erzieher (vgl. *Scarbath* 1981, 176).

Nachfolgend sei der Versuch unternommen, die pädagogische Beziehungsstruktur bei *Aichhorn* schemenhaft - in aller hier gebotenen Kürze und Vorläufigkeit - zu skizzieren: So nehme ich bei *Aichhorn* ein Oszillieren wahr zwischen einem - Ruhe, Geborgenheit, Wärme und Sicherheit ausstrahlenden Pol und einem zweiten von dem, vorsichtig dosiert, in angemessenen Zeitabständen, mehr nur indirekte Anstöße ausgehen, die auch an dem Gewissen des Educandus etwas rütteln oder zumindest ihm die sozialen Folgen seines Verhaltens vor Augen führen. Dabei ist *Aichhorn*, während dieses Vorganges, ein hervorragender und einfühlsamer Beobachter, der die feinsten Gefühlsregungen seines Klienten in sich aufnimmt und von daher sein Verhalten mitdeterminieren läßt. Wir haben hier - und dies gilt auch für das pädagogische Verhältnis bei *Zulliger* - einen wechselseitigen Bezug, der also pädagogisch über "bloßes Spiegeln im Sinne harmlos-freundlicher 'nichtdirektiver Intervention' oder im Sinne eines eindimensionalen 'du bist o. k.'"(ebd., 180) hinausgeht.
(Wie *Aichhorn* es dabei verstand, die Abwehr des Educandus geschickt zu unterlaufen, wurde ja bereits angesprochen und wäre wohl auch geeignet, als ein Thema für sich noch abgehandelt zu werden.)

Aichhorn und *Zulliger* zeichneten sich beide durch einen immensen Enthusiasmus aus; ihr Wohlgefallen an der individuellen Entwicklung der Educanden -

und an einem sozialpädagogisch vorbildlichen Gemeinschaftsgefühl in der Gruppe - hatten schon für sich genommen erzieherische und persönlich-keitsbildende Wirkungen.

Deshalb wäre zu fordern, daß schon in der Ausbildung von Pädagogen zuneh-mend Wege gesucht werden, wie die neben den negativen immer existenten positiven Ansätze in der Pädagoge-Klient-Interaktion nutzbar gemacht werden könnten.

Denn die Praxis *Aichhorn*s und *Zulliger*s hat bewiesen, daß darin viel eher Möglichkeiten zur Verbesserung der Disziplin, der Gruppenatmosphäre, der Motivation und der Erziehung zum Mitmenschen liegen als in traditionellen Methoden der Kritik, Disziplinierung etc. (vgl. *Burger* 1987, 277).

Die Bedeutung der Psychoanalytischen Pädagogik *Aichhorn*s für die heutige konkrete sozialpädagogische Praxis wird z.B. von *Steinlechner* äußerst gering veranschlagt: "Es war überraschend und zugleich belastend für mich, im Ver-laufe der nun vorliegenden Arbeit festzustellen, welche Relevanz *Aichhorn*s Werk für die Praxis der Sozialarbeit heute hätte, und gleichzeitig festzustellen wie wenig Interesse dafür im Bereich der Sozialarbeit vorherrscht [...] Von seiten der Psychoanalyse ist in den letzten Jahrzehnten kaum etwas geschehen, um im Bereich der Sozialarbeit Fuß zu fassen und *Aichhorn*s Weg weiterzu-entwickeln" (*Steinlechner* 1986, 205).

Diese Einschätzung zur Rezeption *Aichhorn*s von *Steinlechner* scheint mir zwar etwas übertrieben. Aber eine noch stärkere Berücksichtigung des *Aichhorn*schen Werkes für die sozialpädagogische Praxis stellt m.E. durchaus eine berechtigte Forderung dar.

Immerhin ist im Bereich der modernen Heimerziehung, besonders in jüngster Zeit, eine Entdeckung der historischen Wurzeln, die auf *Aichhorn* zurückfüh-ren, festzustellen. In diesem pädagogischen Arbeitsbereich ist *Aichhorn*s Buch "Verwahrloste Jugend" nach wie vor ein Standardwerk (vgl. *Adam* 1981b, 56).

Doch ist *Aichhorn* im Kreise der Pädagogen teilweise ein Außenseiter geblie-ben.

Zu einer Würdigung seiner Leistung in der Verwahrlostenerziehung durch die pädagogische Wissenschaft kam es bis heute nur vereinzelt und in ersten Ansätzen, z.B. dargestellt in dem Sammelband "Die Österreichische Reformpädagogik 1918-1938", der 1981 von *E. Adam* herausgegeben wurde.

Und bezüglich der Rezeption des *Zulliger*schen Werkes weist *Burger* darauf hin, daß das schulpädagogische Modell *Zulliger*s weitgehend in Vergessenheit geraten sei. Andererseits zählt *Zulliger*s Buch "Schwierige Kinder" heute immerhin zu den Klassikern der Psychoanalytischen Pädagogik. Es spricht jedoch einiges dafür, und *Zulliger* hat selbst darauf hingewiesen, daß sein Praxis-Modell auf breiterer Basis ohnehin nur auf der Grundlage einer konsequenten Reorganisation der Lehrerbildung realisierbar wäre (vgl. *Burger* 1987, 276). Noch 1971 konnte *Bittner* sagen, daß die Psychoanalyse des Kindes, in ihrer Entwicklungsgeschichte, zu Unrecht über *Zulliger* hinweggegangen sei und seine Methode bloß als ein Kuriosum angesehen habe, anstatt als einen theoretisch zwar noch unzureichend begründeten, aber durchaus begründbaren Ansatz (*Bittner* 1971, 28). Zwar müßte man diese Aussage heute wohl etwas relativieren. Die psychoanalytische Pädagogik hat in den letzten Jahren eine zunehmende Anhängerschaft gewonnen, und *Zulliger*s Schriften wurden in dieser Zeit häufiger zitiert. Aber eine umfassende Rekonstruktion der *Zulliger*schen Psychoanalytischen Pädagogik steht bis heute noch aus; und die psychoanalytische Pädagogik ist - wie gesagt - aus ihrer Randstellung im pädagogischen Lager bis heute nicht herausgekommen.

Anhang

Erläuterung von Fachausdrücken

Agieren (lat. *agere* - handeln, tätig sein) Beim Agieren bestimmen unbewußte Wünsche und Phantasien, die meist aus der Kindheit stammen, das Handeln und Tun des Klienten in der Gegenwart (Wiederholungszwang), besonders in seiner Beziehung zum Analytiker. Nach *Freud* tritt das Agieren um so heftiger auf, um so mehr sein Ursprung und Wiederholungscharakter vom Klienten verkannt wird.

Borderline-Syndrom (engl. *borderline* - Grenzlinie) bezeichnet unklare psychische Störungszustände, die eindeutig weder den Psychosen noch den Neurosen zugeordnet werden können. Es handelt sich dabei meist um Persönlichkeitsstörungen wie u.a. Depersonalisation (= Entpersönlichung bzw. psychischer Zustand, in dem die Außenwelt als traumhaft-unwirklich und die eigenen Handlungen und Erlebnisse als nicht zum Ich gehörig erlebt werden; tritt auf bei akuten Reaktionen seelischer Erschöpfung, bei seelischen Ausnahmezuständen und als neurotisches und psychotisches Syndrom) (vgl. *Brockhaus*-Enzyklopädie, 1992)

Es bildet den Triebpol der Persönlichkeit. Seine Inhalte sind - als psychischer Ausdruck der Triebe - unbewußt, einesteils erblich und angeboren, andernteils verdrängt und erworben. Für *S. Freud* ist das Es das Hauptreservoir der psychischen Energie bzw. der Libido, die er u.a. als dynamische Äußerung des Sexualtriebes im Seelenleben beschreibt (vgl. *Laplanche* 1986, 147f.). Die Entstehungsgründe des Unbewußten, des Es (und damit der Triebsphäre) liegen nach *Freud*, entsprechend seiner biologistischen Auffassung, in einer geschichtslosen Urnatur des Menschen. Diese Auffassung wird von der materialistischen Sozialisationstheorie, die den "Trieb" als Gefüge von gesellschaftlich hergestellten Praxiselementen begreift, als "gesellschaftsblind" scharf kritisiert (vgl. *Rexilius* 1981, 507).

Ich ist die zentrale Instanz der Persönlichkeit. Obwohl es als Mittler der Interessen der ganzen Person auftritt, ist seine Autonomie nur relativ. Denn es muß drei Herren dienen bzw. zwischen deren Ansprüchen und Forderungen vermitteln, nämlich *den* der Außenwelt, des Über-Ich und des Es. Das auch als verdrängende Instanz wirkende Ich ist teilweise auch unbewußt. Es hat sich (ebenso wie das Über-Ich) aus dem Es entwickelt. *Freud* nahm das Individuum als relativ ich-schwach wahr und setzte den Akzent ganz auf das Unbewußte. Die neuere Ich-Psychologie hat sich stärker auf die bewußten Anteile des Ich und seine Anpassungsleistungen konzentriert (vgl. *Rexilius* 1981, 471).

Ichideal ist eine "Instanz der Persönlichkeit, die aus der Konvergenz des Narzißmus (Idealisierung des Ichs) und den Identifizierungen mit den Eltern, ihren Substituten und den kollektiven Idealen entsteht. Als gesonderte Instanz stellt das Ichideal ein Vorbild dar, an das das Subjekt sich anzugleichen sucht" (vgl. *Laplanche* 1986, 202f.).

Ich-Stärke bedeutet die Fähigkeit des Ich, eine Balance herzustellen zwischen den Es-Bedürfnissen auf der einen und den Überich- und den aktuellen Außenweltforderungen auf der anderen Seite, wobei in Form eines dauerhaften Kompromisses Erregungen störungsfrei ertragen werden und das Individuum dabei in der Lage ist, sich ein Stück weit selbst zu verwirklichen

Sublimierung bedeutet nach *Freud* einen "Vorgang zur Erklärung derjenigen menschlichen Handlungen, die scheinbar ohne Beziehung zur Sexualität sind, deren treibende Kraft aber der Sexualtrieb ist. Als Sublimierungen hat *Freud* hauptsächlich die künstlerische Betätigung und die intellektuelle Arbeit beschrieben.
Der Trieb wird in dem Maße "sublimiert" genannt, in dem er auf eine neues, nicht sexuelles Ziel abgelenkt wird und sich auf ein neues, nicht sexuelles Objekt richtet" (*Laplanche* 1986, 478).

Über-Ich ist eine Instanz der Persönlichkeit, deren Rolle vergleichbar ist mit *der* eines Richters oder Zensors des Ich. Als Repräsentant der verinnerlichten, heteronom bleibenden gesellschaftlichen Normen ist es aus Identifizierungsvorgängen entstanden. "*Freud* sieht im Gewissen, der Selbstbeobachtung und der Idealbildung Funktionen des Über-Ichs" (*Laplanche* 1986, 540).

Unbewußtes: "Den Inhalt des Unbewußten kann man mit einer psychischen Urbevölkerung vergleichen. Wenn es beim Menschen ererbte psychische Bildungen, etwas dem Instinkt der Tiere Analoges gibt, so macht dies den Kern des Unbewußten aus. Dazu kommt später das während der Kindheitsentwicklung als unbrauchbar Beseitigte hinzu ..." (*Freud, S.* 1915, 154). Das bedeutet, daß alles Verdrängte zwar unbewußt ist, aber nicht alles Unbewußte ist Verdrängtes. "Das Unbewußte ist eine regelmäßige und unvermeidliche Phase in den Vorgängen, die unsere psychische Tätigkeit begründen; jeder psychische Akt beginnt als unbewußter und kann entweder so bleiben oder sich weiterentwickelnd zum Bewußtsein fortschreiten, je nach dem, ob er auf Widerstand trifft oder nicht" (*Freud, S.* 1912, S. 33 f.)

Verwahrloste befinden sich in einem Persönlichkeitszustand, der ihnen eine Minimalanpassung an gesellschaftliche Verhaltensanforderungen nicht ermöglicht. Sie können sich also nur nach ihren momentanen Bedürfnissen richten und sich keiner objektiven Ordnung unterordnen (vgl. *Katz* 1951). Ein sehr ungünstiges familiäres Milieu in der Kindheit der Verwahrlosten, meist mit Mangel an Liebeszuwendungen und Geborgenheit u.a., hat diesen Zustand herbeigeführt. Wobei Eltern und primäre Bezugspersonen als Identifizierungsobjekte bzw. Vorbilder - in ihrer frühen Kindheit - nicht hinreichend geeignet waren und in der Regel häufige Trennungsituationen in diesem Entwicklungsabschnitt sich nachweisen lassen. Als Folgeerscheinung weist bei Verwahrlosten das Über-Ich sowohl in seiner Genese (Entwicklung) und in struktureller Hinsicht einige Besonderheiten bzw. Abweichungen gegenüber den "Normalen" auf als auch Borderline-Störungen - wie besonders von der neueren Forschung hervorgehoben wird - für ihr Verhalten recht typisch sind (vgl. *Rauchfleisch* 1981)

Literatur

Adam, E. (1977): Das pädagogische Experiment August Aichhorns, Klagenfurt
- (Hrsg.), (1981 a): Die Österreichische Reformpädagogik 1918-1938. Symposiumsdokumentation, Wien u.a.
- (1981 b): Die "Österreichische Reformpädagogik" als historischer Ort des Werkes von August Aichhorn; in: ders. (Hrsg.), (1981 a), S. 53-68
Adorno, T. u.a. (Hrsg.), (1957): Freud in der Gegenwart. Ein Vortragszyklus der Universität Frankfurt und Heidelberg zum 100. Geburtstag. Mit Beiträgen von Franz Alexander, Michael Balint u.a. Frankfurter Beiträge zur Soziologie. Im Auftrage des Instituts für Sozialforschung, Bd. 6. Europ. Verlagsanst. Frankfurt/M.
Affolderbach, M. (Hrsg.), (1985): Miteinander leben lernen. Zum Gespräch der Generationen in der christlichen Gemeinde, Gütersloh
Aichhorn, A. (1909): Zur Bildung des Begriffes Knabenhort; in: Jahresbericht des Zentralvereins zur Errichtung und Erhaltung von Knabenhorten in Wien, Wien, S. 3-17
- (1926): Die Psychoanalyse in der Fürsorgeerziehung; in: Zeitschrift für psychoanalytische Pädagogik, Jg. 1, S. 25-27
- (1931): Lohn oder Strafe als Erziehungsmittel?; in: Z. f. psa. Päd., Jg. 5, S. 273-285
- (1936): Zur Technik der Erziehungsberatung. Die Übertragung; in: Z. f. psa. Päd., Jg. 10, S. 5-74
- (1972): Erziehungsberatung und Erziehungshilfe, 12 Vorträge über psychoanalytische Pädagogik, (Copyright 1925, Bern/Stuttgart), Reinbek bei Hamburg
- (1974): Psychoanalyse und Erziehungsberatung, (Copyright 1932 und 1935), Frankfurt/M.
- (1977): Verwahrloste Jugend, 9. Aufl., (Copyright 1925), Stuttgart
Aichhorn, T. (1976): Wer war August Aichhorn? Briefe, Dokumente, unveröffentlichte Arbeiten. Herausgegeben von der Wiener Psychoanalytischen Vereinigung, Wien
- (1981): Bausteine zu einer Biographie August Aichhorns; in: Adam, E. (Hrsg.): Die Österreichische Reformpädagogik 1918-1938, Wien u.a., S. 69-88
Ammon, G. (Hrsg.), (1973): Psychoanalytische Pädagogik, Hamburg
Bally, G. (1959): Die Psychoanalyse Sigmund Freuds; in: Frankl, V. E. u.a. (1959): Handbuch der Neurosenlehre und Psychotherapie, Bd. II, München/Berlin
- (1963): Einführung in die Psychoanalyse Sigmund Freuds, Hamburg
Behnke, B. (1972): Psychoanalyse in der Erziehung, München
Benner, D. (1983): Grundstrukturen pädagogischen Denkens und Handelns; in: Lenzen/Mollenhauer (1983), S. 283-306
Bernfeld, S. (1925): Sisyphos oder die Grenzen der Erziehung, Frankfurt
- (1926): Sozialismus und Psychoanalyse; in: Gente, H.-P. (Hrsg.), (1970): Marxismus, Psychoanalyse, Sexpol, Frankfurt/M.

- (1927): Das Massenproblem in der sozialistischen Pädagogik; in: ders. (1969/70)
- (1929): Der soziale Ort und seine Bedeutung für Neurose, Verwahrlosung und Pädagogik; in: ders. (1969/70)
- (1969/70): Antiautoritäre Erziehung und Psychoanalyse, Bd. 1-3, Darmstadt

Bertalanffy, L. v. (1953): Biophysik des Fließgleichgewichts, Braunschweig.
Bittner, G./Rehm, W. (1964): Psychoanalyse und Erziehung, Bern
Bittner, G. (1967): Psychoanalyse und soziale Erziehung, 3. Aufl., München
- (1970 b): Erziehung aus der Sicht der Psychoanalyse und Tiefenpsychologie; in: Speck, J./Wehle, G. (Hrsg.), (1970 a), S. 393-404
- (1971 a): Die Bedeutung der Psychoanalyse für die Pädagogik; in: Betrifft Erziehung 1971, S. 25-28.
- (Hrsg.), (1981):Selbstwerden des Kindes-Ein neues tiefenpsychologisches Konzept, Fellbach bei Stuttgart
Bittner, G./Ertle, C. (Hrsg.), (1985 a): Pädagogik und Psychoanalyse. Beiträge zur Geschichte, Theorie und Praxis einer interdisziplinären Kooperation, Würzburg
Bittner, G. (1985 b): Der psychoanalytische Begründungszusammenhang in der Erziehungswissenschaft; in: Bittner/Ertle (Hrsg.), (1985 a), S. 31-46
- (1986): Gibt es eine psychoanalytische Pädagogik?; in: Kind und Welt, Heft 50, S. 34-41
- (1989): Pädagogik und Psychoanalyse; in: Röhrs, H./ Scheuerl, H. (Hrsg.): Richtungsstreit in der Erziehungswissenschaft und pädagogische Verständigung. Festschrift für W. Flitner, Bern
Bloch, E. (1938): Conclusio: Das Novum im Unbewußten. Objektive Phantasie; in: ders. (1977): Philosophische Aufsätze zur objektiven Phantasie, Gesamtausgabe, Bd. 10, Frankfurt/M., S. 122-131
Böhm, W. (1982): Wörterbuch der Pädagogik, 12. Aufl., Stuttgart
Bolterauer, L. (1960 a): A. Aichhorns pädagogische Errungenschaften; in: Erziehung und Unterricht, Wien, S. 193-197
- (1960 b): Aus der Werkstatt eines Erziehungsberaters, Wien
- (1975): War A. Aichhorn ein Vertreter der antiautoritären Erziehung; in: Erziehung und Unterricht, Wien, S. 649-656
Breinbauer, I. M. u.a. (Hrsg.), (1987): Gefährdung der Bildung - Gefährdung des Menschen. Perspektiven verantworteter Pädagogik, Wien u.a.
Brockhaus-Enzyklopädie: in 24 Bd., 19. Aufl., Mannheim 1992
Büttner, C. (Hrsg.), (1985): Zauber, Magik und Rituale, München
Büttner, C./Trescher, H.-G. (Hrsg.), (1987): Chancen der Gruppe, Mainz
Burger, A. M. (1987): Der Lehrer als Erzieher. Vergleichende Darstellung der Schulpraxis von O. Spiel und H. Zulliger, Diss., Zürich
Chadwick, M. (1930): Die Erziehung des Erziehers; in: Zeitschrift für psychoanalytische Pädagogik, Wien, S. 356-370
Claußen, B./Scarbath, H. (Hrsg.), (1979 a): Konzepte einer Kritischen Erziehungswissenschaft, München
Claußen, B. (1979 b): Zur Aktualität und Problematik einer Kritischen Erziehungswissenschaft; in: Claußen, B./Scarbath, H. (Hrsg.), (1979a), S. 13-34
Cremerius, J. (Hrsg.), (1971):Psychoanalyse und Erziehungspraxis, Frankfurt

Dahmer, H. u.a. (1973): Das Elend der Psychoanalysekritik, Frankfrut/M.
Datler, W. (1983): Was leistet die Psychoanalyse für die Pädagogik?, Wien
- (1985): Psychoanalytische Repräsentanzenlehre und pädagogisches Handeln; in: Bittner, G./Ertle, C. (Hrsg.), (1985 a), S. 67-80
- u.a. (1987): Methodisch geleitete Selbsterfahrung als pädagogische Aufgabe?; in: Breinbauer, I. M. u.a. (Hrsg.), (1987), S. 239-248
- (1988): Pädagogik, Dialog und Selbstbestimmung; in: Päd. Rundschau 42, S. 629-653
Denecke, W./Trapp, J. (1982): Szenisches Verstehen im Unterricht - Gruppenarbeit in der Schule aus psychoanalytischer Sicht; in: Meyer, E. (Hrsg.): Kinder und Jugendliche in seelischer Not, Braunschweig, S. 272-288
Denecke, W. (1986): Rezension zu: Trescher, H.-G.: Theorie und Praxis der Psychoanalytischen Pädagogik; in: Westermanns päd. Beiträge 11, S. 39
Derbolav, J. (1959): Die Stellung der Pädagogischen Psychologie im Rahmen der Erziehungswissenschaft und ihre Bedeutung für das pädagogische Handeln; in: Handbuch der Psychologie, Band 10, Göttingen, S. 3-43
Dieterich, R. (1981): Integrale Persönlichkeitstheorie. Chancen und Zielsetzungen einer pädagogisch-psychologischen Anthropologie, Paderborn
Dörner, D. u.a. (Hrsg.), (1985): Psychologie. Eine Einführung in ihre Grundlagen und Anwendungsfelder, Stuttgart
Dörner, O. (1981): Neurose; in: Rexilius, G. u.a. (Hrsg.), (1981), S. 724-725
Drescher, H.-G. (Hrsg.), (1966): Der Mensch. Wissenschaft und Wirklichkeit, Wuppertal-Barmen
Dworschak, R. (1974): Vorwort zu A. Aichhorn: Psychoanalyse und Erziehungsberatung, Frankfurt/M., S. 1- 8
- (1981): Erziehungsberatung mit August Aichhorn; in: Adam, E. (Hrsg.), (1981 a), S. 89-104
Eissler, K. (1977): Abriss einer Biographie August Aichhorns, in: Aichhorn, A. (1977), S. 201-206
Ekstein, R./Motto, R. L. (1963): Psychoanalyse und Erziehung. Vergangenheit und Zukunft; in: Praxis d. Kinderpsychologie u. Kinderpsychiatrie 12, S. 213-224
Epstein, J. (1932): Aichhorn, A.; in: Almanach der Psychoanalyse, Wien, S. 75-82
Erikson, E. H. (1966): Identität und Lebenszyklus, Frankfurt
- (1976): Kindheit und Gesellschaft, Stuttgart
Fatke, R. (1980): Psychohygiene und Pädagogik; in: Spiel, W. u.a. (Hrsg.), (1980), S. 729-753
- (1981): Die Phantasie und das Selbst des Kindes; in: Bittner, G. (Hrsg.), (1981), S. 181-190
- (1985): "Krümel vom Tisch der Reichen"? Über das Verhältnis von Pädagogik und Psychoanalyse aus pädagogischer Sicht; in: Bittner, G./Ertle, C. (Hrsg.), (1985 a), S. 47-60
- (1986): Über das Verhältnis von Pädagogik und Psychoanalyse am Beispiel von Phänomenen des Kinderlebens. Unveröffentlichter Vortrag in der Universität Hamburg vom 10.11.86

Fenichel, O. (1934): Über die Psychoanalyse als Keim einer zukünftigen dialektisch-materialistischen Psychologie; in: Gente, H.-P. (Hrsg.), (1970): Materialismus, Psychoanalyse, Sexpol, Bd. 1, Frankfurt/M.
- (1935): Über Erziehungsmittel; in: Zeitschrift für psychoanalytische Pädagogik, Jg. 9, S. 117-126
- (1945): Psychoanalytische Neurosenlehre, Bd. III, Olten
Flitner, A. (Hrsg.), (1969): Brennpunkte gegenwärtiger Pädagogik. Studien zu Schul- und Sozialerziehung, München
Flitner, W. (1980): Allgemeine Pädagogik, Frankfurt/M.
Fraiberg, S. (1972): Die magischen Jahre der Persönlichkeitsentwicklung des Vorschulkindes, Reinbek bei Hamburg
Freud, A. (1935): Psychoanalyse für Pädagogen, Bern
- (1949): Einführung in die Technik der Kinderanalyse, London (Imago, 1949) und München, 4. Aufl. (Kindler, 1966)
- (1964): Das Ich und die Abwehrmechanismen, (Copyright 1936, Imago London), München
- (1968): Wege und Irrwege in der Kinderentwicklung, (Copyright 1965), Stuttgart
Freud, S. (1908): Der Dichter und das Phantasieren; in: ders.: Werke aus den Jahren 1906-1909, Gesammelte Werke, Bd. VII, Imago, London 1947, S. 213-231
- (1912): Einige Anmerkungen über den Begriff des Unbewußten in der Psychoanalyse; in: ders. (1972): Studienausgabe, Bd. III, Frankfurt/M.
- (1912-1913): Totem und Tabu; in: ders. (1974): Fragen der Gesellschaft. Ursprünge der Religion, Studienausgabe, Bd. IX, Frankfurt, S. 287-444
- (1913): Das Interesse an der Psychoanalyse; in: ders. (1948): Über Psychoanalyse, Gesammelte Werke, Bd. VIII, Imago, London, S. 390-420
- (1915): Das Unbewußte; in: ders. (1972): Studienausgabe, Bd. III, Frankfurt/M.
- (1916-1917): Vorlesungen zur Einführung in die Psychoanalyse; in: ders. (1982), S. 33-445
- (1922): Psychoanalyse und Libidotheorie; in: ders. (1947): Jenseits des Lustprinzips/Massenpsychologie und Ich-Analyse/Das Ich und das Es, Gesammelte Werke Bd. XIII, Imago, London, S. 209-233
- (1932-1933): Neue Folge der Vorlesungen zur Einführung in die Psychoanalyse; in: ders. (1982), S. 448-608
- (1982): Vorlesungen zur Einführung in die Psychoanalyse. Und neue Folge, Copyright 1916-1933, Studienausgabe, Bd. I, Frankfurt/M.
- (1925): Vorwort; in: Aichhorn, A. (1977): Verwahrloste Jugend, 9. Aufl., Stuttgart u.a., S. 7-8
Froese, L. (1962): Zum Bedeutungswandel des Erziehungsbegriffs; in: Z. f. Päd. 8, S. 121-142
Füchtner, H. (1979): Einführung in die Psychoanalytische Pädagogik, Frankfurt/M.
Fürstenau, P. (Hrsg.), (1974): Der psychoanalytische Beitrag zur Erziehungswissenschaft, Darmstadt
- (1977): Die beiden Dimensionen des psychoanalytischen Umgangs mit strukturell Ich-gestörten Patienten; in: Psyche 31, S. 197-207

- (1979): Zur Psychoanalyse der Schule als Institution; in: ders.: Zur Theorie psychoanalytischer Praxis, Stuttgart, S. 169-185
Gadamer, H.-G. u.a. (Hrsg.), (1973): Kulturanthropologie, Bd. 4, Reihe: Neue Anthropologie, Stuttgart
Gerner, B. (1974): Einführung in die pädagogische Anthropologie, Darmstadt
Guardini, R. (1955): Welt und Person, 4. Aufl., Würzburg
Gudjons, H. (1986): Rezension zu: Bittner, G./Ertle, C. (Hrsg.), (1985): Pädagogik und Psychoanalyse. Theorie und Praxis einer interdisziplinären Kooperation, Würzburg; in: Westermanns päd. Beiträge 11, S. 39
Guss, K. (1975 a): Psychologie als Erziehungswissenschaft. Eine kritische Untersuchung des Themas Lohn und Strafe, Stuttgart
- (Hrsg.), (1975 b): Gestalttheorie und Erziehung, Darmstadt
Hahn, K. u.a. (Hrsg.), (1987): Gruppenarbeit: themenzentriert. Entwicklungsgeschichte, Kritik und Methodenreflexion, Mainz
Hartfiel, G./Hillmann K.-H. (1982): Wörterbuch der Soziologie, 3. Aufl., Stuttgart
Hartmann, H. (1972): Ich-Psychologie. Studien zur psychoanalytischen Theorie, Stuttgart
Hartmann, W. (1966): Das Personverständnis in der Pädagogik und ihren Nachbarwissenschaften; in: Vierteljahrsschrift f. wiss. Päd. 42, S. 237-240
Heimann, P. (1969): Gedanken zum Erkenntnisprozeß des Psychoanalytikers; in: Psyche 23, S. 3-24
Heitger, M. (1984): Zum Verhältnis von Pädagogik und Therapie aus der Sicht der Pädagogik; in: ders. u.a. (Hrsg.): Interdisziplinäre Aspekte der Sonder- und Heilpädagogik, München, S. 64-80
Hierdeis, H. (Hrsg.), (1978): Taschenbuch der Pädagogik, Teil 1: Altsprachlicher Unterricht - Jugendarbeit, Baltmannsweiler
Höltershinken, D. (1971): Anthropologische Grundlagen personalistischer Erziehungslehren. M. Buber, R. Guardini, P. Petersen. Eine vergleichende Untersuchung, Weinheim/Berlin
Höchstetter, W. K. (1976): Die psychoanalytischen Grundlagen der Erziehung, Frankfurt/M.
Hoffmann, D. (1978): Kritische Erziehungswissenschaft, Stuttgart u.a.
Holder, A. (1980): Freuds Theorie des psychischen Apparates, in: Spiel, W. u.a. (Hrsg.): Die Psychologie des XX. Jahrhunderts, Bd. 2: Freud und die Folgen (1), Zürich, S. 226-253
Horn, K. (1980): Psychoanalyse; in: Wulf, C. (Hrsg.), (1980), S. 474-477
Iben, G. (Hrsg.), (1988): Das Dialogische in der Heilpädagogik, Mainz
Jaschke, H. (1990): Böse Kinder - böse Eltern?, Erziehung zwischen Ohnmacht und Gewalt, Mainz
Kasser, W. u.a. (Hrsg.), (1963): Hans Zulliger. Eine Biographie und Würdigung seines Wirkens, Stuttgart
Katz, D. (Hrsg.), (1951): Kleines Handbuch der Psychoanalyse, Stockholm
Kernberg, O. F. (1975): Zur Behandlung narzißtischer Persönlichkeitsstörungen; in: Psyche 29, S. 890-905
- (1979): Borderline-Störungen und pathologischer Narzißmus, 3. Aufl., Frankfurt/M.

Klafki, W. (1976): Aspekte kritisch-konstruktiver Erziehungswissenschaft. Gesammelte Beiträge zur Theorie-Praxis-Diskussion, Weinheim/Basel

Körner, J. (1980): Über das Verhältnis von Psychoanalyse und Pädagogik; in: Psyche 34, S. 769-789

- (1985): Vom Erklären zum Verstehen in der Psychoanalyse. Untersuchungen zur psychoanalytischen Methode, Göttingen

Kohut, H. (1969): Die psychoanalytische Behandlung narzißtischer Persönlichkeitsstörungen; in: Psyche 23, S. 321-348

- (1970): Narzißmus, Frankfurt/M.
- (1972): Analyse des Selbst, Frankfurt/M.
- (1973): Überlegungen zum Narzißmus und zur narzißtischen Wut; in: Psyche 27, S. 513-554

Kos-Robes, M. (1980): Tiefenpsychologie und Schule; in: Strotzka, H. (Hrsg.): Der Psychotherapeut im Spannungsfeld der Institutionen. Erfahrungen, Forderungen, Fallbeispiele, Wien u.a.

Kris, E. (1948): Psychoanalyse und Erziehung; in: ders.: Psychoanalytische Kinderpsychologie, Frankfurt/M.

Kuhn, T. (1976): Die Struktur wissenschaftlicher Revolutionen, 2. Aufl., Frankfurt/M.

Langeveld, M. J. (1965): Anthropologie und Psychologie des Erziehers; in: Päd. Rundschau 19, S. 745-753

Laplanche, J. u.a. (1986): Das Vokabular der Psychoanalyse, 7. Aufl., Frankfurt/M.

Leber A./Reisner, H. (Hrsg.), (1980): Sozialpädagogik, Psychoanalyse und Sozialkritik, Neuwied und Berlin

Leber, A. (1985): Wie wird man "Psychoanalytischer Pädagoge"?; in: Bittner/Ertle (Hrsg.), (1985 a), S. 151-166

Lechner, E. (1981): Reformpädagogik als Renaissance. Zur Beurteilung der Reformpädagogischen Bewegung aus der Sicht der Historischen Pädagogik; in: Adam, E. (Hrsg.), (1981a), S. 33-52

Lee, J.-S. (1989): Der Pädagogische Bezug. Diss., Frankfurt/M.

Lenzen, D./Mollenhauer, K. (Hrsg.), (1983): Enzyklopädie Erziehungswissenschaft, Bd. 1: Theorien und Grundbegriffe der Erziehung und Bildung, 1. Aufl., Stuttgart

Litt, T. (1921): Die Methodik des pädagogischen Denkens; in: Kant-Studien 26, Köln, S. 17-51

Loch, W. (1966): Das Menschenbild der Pädagogik; in: Drescher, H.-G. (Hrsg.), (1966), S. 179-228

Löwisch, D.-J. (1974): Kritische Pädagogik und Psychoanalyse. Überlegungen zu einem noch nicht abgeklärten Verhältnis; in: Vierteljahrsschr. f. wiss. Päd. 50, S. 229-251

Lorenzer, A. (1970 a): Sprachzerstörung und Rekonstruktion. Vorarbeiten zu einer Metatheorie der Psychoanalyse, Frankfurt/M.

- (1970 b): Kritik des psychoanalytischen Symbolbegriffs, Frankfurt/M.
- u.a. (1971): Psychoanalyse als Sprachwissenschaft, Frankfurt/M.
- (1972): Zur Begründung einer materialistischen Sozialisationstheorie, Frankfurt/M.
- (1973): Über den Gegenstand der Psychoanalyse oder Sprache und Interaktion, Frankfurt/M.

Mattner, D. (1987): Empathie ist nicht genug. Szenen aus dem Heimalltag; in: Reiser, H./Trescher, H.-G. (Hrsg.), (1987a), S. 39-53

Meng, H. (Hrsg.), (1973 a): Psychoanalytische Pädagogik des Kleinkindes, München, Basel
- (Hrsg.), (1973 b): Psychoanalytische Pädagogik des Schulkindes, München, Basel

Menne, K. (1976): Ein verstehender Zugang zum Unbewußten? Zu A. Lorenzers Konzept des "szenischen Verstehens"; in: Psyche 30, S. 534-553

Metzger, W. (1962): Schöpferische Freiheit, Frankfurt/M.

Mitscherlich, A. (1963): Auf dem Weg zur vaterlosen Gesellschaft, München
- (1970): Versuch, die Welt besser zu verstehen. 5 Plädoyers in Sachen Psychoanalyse, Frankfurt/M.

Mollenhauer, K. (1976): Theorien zum Erziehungsprozeß, 3. Aufl., München

Moser, H. (1979): Anspruch und Selbstverständnis der Aktionsforschung; in: Claußen, B./Scarbath, H. (Hrsg.), (1979 a), S. 117-129

Muck, M./Schröder, K./Horn, K. u.a. (1974a): Information über Psychoanalyse, Frankfurt/M.

Muck, M. (1974 b): Die psychoanalytische Behandlung und ihre Wirkung; in: ders. u.a. (1974 a), Frankfurt/M., S. 37-44
- (1977): Übertragung und Gegenübertragung; in: Eicke, D. (Hrsg.): Die Psychologie des 20. Jahrhunderts, Band III: Freud und die Folgen (II), Zürich, S. 1109-1124
- (1978): Psychoanalytische Überlegungen zur Struktur menschlicher Beziehungen; in: Psyche 32, S. 211-228

Müller, S. u.a. (Hrsg.), (1984): Verstehen oder Kolonialisieren? Grundprobleme sozialpädagogischen Handelns und Forschens, Bielefeld

Neidhardt, W. (1977): Kinder, Lehrer und Konflikte. Vom psychoanalytischen Verstehen zum pädagogischen Handeln, München

Nohl, H. (1926): Gedanken für die Erziehungstätigkeit des Einzelnen mit besonderer Berücksichtigung der Erfahrungen von Freud und Adler; in: ders. (1949): Pädagogik aus dreißig Jahren, Frankfurt/M.

Osztovits, O. (1982): August Aichhorns Experiment mit der verwahrlosten Jugend; in: ZV-Lehrerzeitung 5, S. 26-28

Pflüger, P. M. (1977): Tiefenpsychologie und Pädagogik, Stuttgart

Rapaport, D. (1961): Die Struktur der psychoanalytischen Theorie, Stuttgart

Rattner, J. (1969): Psychologie der zwischenmenschlichen Beziehungen, Freiburg i. B.

Rauchfleisch, U. (1981): Dissozial. Entwicklung, Struktur und Psychodynamik dissozialer Persönlichkeiten, Göttingen

Redl, F. (1935): Der Mechanismus der Strafwirkung; in: Z. f. psa. Päd., Jg. 9, S. 221-270

Redl, F. u.a. (1979): Kinder, die hassen. Auflösung und Zusammenbruch der Selbstkontrolle, München u.a.

Rehm, W. (1968): Psychoanalytische Erziehungslehre, München

Reich, W. (1926/27): Eltern als Erzieher; in: Z. f. psa. Päd., Jg. 1, S. 65-74 und 263-267
- (1929): Dialektischer Materialismus und Psychoanalyse, Graz

- (1932): Der Einbruch der Sexualmoral, wiederveröffentlicht als: Der Einbruch der sexuellen Zwangsmoral, Frankfurt/M. 1975
Reiser, H./Trescher, H.-G. (1987 a): Wer braucht Erziehung?, Mainz
Reiser, H. (1987 b): Beziehung und Technik in der psychoanalytisch orientierten themenzentrierten Gruppenarbeit; in: Reiser, H./Trescher, H.-G. (Hrsg.), (1987 a), S. 181-196
Rexilius, G. u.a. (Hrsg): (1981): Handbuch psychologischer Grundbegriffe, Reinbek bei Hamburg
Richter, H. E. (1967): Eltern, Kind und Neurose, 2. Aufl., Reinbek
Riedmüller, R. (1966): Psychoanalytische Aspekte der Pädagogik Makarenkos. Ein Vergleich mit Erziehungsversuchen von A. Aichhorn und S. Bernfeld; in: Neue Sammlung, 6. Jg., S. 559-587
Riemann, F. (Hrsg.), (1956): Lebendige Psychoanalyse. Die Bedeutung Sigmund Freuds für das Verstehen des Menschen, München
Ritter, P./ Ritter, J. (1972): Freie Kindererziehung in der Familie, Reinbek bei Hamburg
Rödler, P. (1988): Der unmögliche Dialog - Thesen zum Verstehen jenseits der Sprache; in: Iben, G. (Hrsg.), (1988), S. 201-211
Röhrs, H. (Hrsg.), (1965): Die Reformpädagogik des Auslands, Düsseldorf und München
Salomon, F. (1963): Als Freund im Hause Zulliger; in: Kasser, W. (Hrsg.), (1963), S. 53-78
Scarbath, H. (1978): Erziehungswissenschaft: Handlungsbezogen-mehrdimensionaler Ansatz; in: Hierdeis, H. (Hrsg.), (1978), S. 284-295
Scarbath, H. (1979): Unser Wissen ist Stückwerk. Plädoyer für ein mehrperspektivisch-dialogisches Verständnis von Erziehungswissenschaft; in: Claußen, B./Scarbath, H. (Hrsg.), (1979 a), S. 204-224
- (1981): Wiederentdeckung des kindlichen Ich - Hinweise und Fragen aus pädagogischer Sicht; in: Bittner, G. (Hrsg.), (1981), S. 174-180
- u.a. (1984): Zur Genese von Devianz im frühen Jugendalter, Heidelberg
- (1985): Was heißt Jugendliche heute verstehen?; in: Affolderbach, M. (Hrsg.), (1985), S. 71-82
- (1987 a): Rezension zu: Bittner, G./Ertle, C. (Hrsg.), (1985 a): Pädagogik und Psychoanalyse. Beiträge zur Geschichte, Theorie und Praxis einer interdisziplinären Kooperation, Würzburg; in: Z. f. Päd., 33. Jg., Nr. 6, S. 869-873
- (1987 b): Der psychoanalytisch-pädagogische Spaziergang: Hinweise und Einfälle von Hans Zulliger. Unveröffentlichter Vortrag in der Universität Hamburg vom 28.1.87
- (1992): Träume vom guten Lehrer. Sozialisationsprobleme und dialogischförderndes Verstehen, Donauwörth
Schäfer, G. E. (1986): Spiel, Spielraum und Verständigung, Weinheim/München
Scheuerl, H. (1975): Probleme einer systematischen Pädagogik; in: Ellwein, T. u.a. (Hrsg.), (1975): Erziehungswissenschaftliches Handbuch. Bd. IV, Berlin, S. 13-88
- u.a. (Hrsg.), (1978a): Einführung in pädagogisches Sehen und Denken, 9. Aufl., München

- (1978b): Der Dialog in Erziehung und Unterricht, in: Scheuerl, H./Flitner, A. (Hrsg.), (1978a), S. 223-236
- u.a. (Hrsg.), (1979): Klassiker der Pädagogik, Bd. 1 und 2, München
- (1982): Pädagogische Anthropologie. Eine historische Einführung, Stuttgart u.a.

Schindler, S. (1981): August Aichhorns Einfluß auf die Sozialarbeit; in: Adam, E. (Hrsg.), (1981a), S. 105-116

Schlederer, F. (1980): Psychotherapie für den Lehrer, Freiburg

Schraml, W. J. (1968): Einführung in die Tiefenpsychologie für Pädagogen und Sozialpädagogen, Stuttgart

Singer, K. (1970): Lernhemmung, Psychoanalyse und Schulpädagogik, München
- (1973): Verhindert die Schule das Lernen?, München

Speck, J./Wehle, G. (Hrsg.), (1970a): Handbuch pädagogischer Grundbegriffe, Bd. 1 und 2, München

Speck, J. (1970 b): Person; in: Speck, J./Wehle, G. (Hrsg.), (1970 a), Bd. 2, S. 288-329

Spiel, W./Holder, A. u.a. (Hrsg.), (1980 ff.): Die Psychologie des XX. Jahrhunderts, 12 Bände, Zürich

Steinlechner, G. (1986): Das Werk August Aichhorns in seiner Bedeutung für die Sozialarbeit mit Straffälligen, Diss., Salzburg

Strauch, G. (1976): Pädagogik - Erziehung - Psychoanalyse. Studien zur psychoanalytischen Pädagogik. - Jugend und Volk, Wien, München

Strauch, G./Zwettler, S. (1980): Verstehen und erziehen. - Jugend und Volk, Wien, München

Thiersch, H. (1966): Hermeneutik und Erfahrungswissenschaft. Zum Methodenstreit in der Pädagogik; in: Die Dt. Schule 58, S. 3-19
- u.a. (1978): Die Entwicklung der Erziehungswissenschaft, München
- (1984): Verstehen oder Kolonialisieren? - Verstehen als Widerstand; in: Müller, S. u.a. (Hrsg.), (1984), S. 15-30

Thomä, H./Kächele, H. (1988): Lehrbuch der psychoanalytischen Therapie, Bd. 2: Praxis, Berlin u.a.
- (1989): Lehrbuch der psychoanalytischen Therapie, Bd. 1, Berlin u.a.

Thomson, C. (1952): Die Psychoanalyse. Ihre Entstehung und Entwicklung, Zürich

Tischner, W. (1985): Der Dialog als grundlegendes Prinzip der Erziehung, Frankfurt/M. u.a.

Trescher, H.-G. (1985 a): Theorie und Praxis der Psychoanalytischen Pädagogik, Frankfurt/New York
- (1985 b): Magie und Empathie; in: Büttner, C. (Hrsg.), (1985), S. 43-66
- u.a. (1987 a): Einleitung; in: Büttner, C./Trescher, H.-G. (Hrsg.), (1987), S. 7-11
- (1987 b): Bedeutung und Wirkung szenischer Auslösereize in Gruppen; in: Büttner, C., Trescher, H.-G. (Hrsg.), (1987), S. 150-161
- (1988): Erziehungswissenschaft und Psychoanalyse; in: Neue Praxis 18, S. 455-464

Trescher, H.-G./Büttner, C. (Hrsg.), (1989): Jahrbuch für Psychoanalytische Pädagogik, Bd. 1, Mainz

Tymister, H. J. (Hrsg.), (1990): Individualpsychologisch-pädagogische Beratung, München

Uhle, R. (1976): Geisteswissenschaft, Pädagogik und kritische Erziehungswissenschaft, München

Wagner-Winterhager, L. (1988 a): Pädagogik der Ich-Unterstützung; in: Die Deutsche Schule, Bd. 1, S. 55-69

- (1988 b): Psychoanalytische Pädagogik in ihren Anfängen; in: Neue Praxis 18, S. 111-119

Weber, E. (Hrsg.), (1976): Der Erziehungs- und Bildungsbegriff im 20. Jg., 3. Aufl., Bad Heilbronn

Willi, J. (1975): Die Zweierbeziehung, Reinbek bei Hamburg
- (1978): Therapie der Zweierbeziehung, Reinbek bei Hamburg

Wolffheim, N. u.a. (1977): Freud zur Kinderpsychologie. Aus dem Schrifttum von Sigmund Freud, München

Wulf, C. (1977): Theorien und Konzepte der Erziehungswissenschaft, München
- (Hrsg.), (1980): Wörterbuch der Erziehung, 5. Aufl., München

Wyss, D. (1969): Marx und Freud. Ihr Verhältnis zur modernen Anthropologie, Göttingen

Ziehe, T. (1975): Pubertät und Narzißmus, Frankfurt, M.

Zulliger, H. (1921): Psychoanalytische Erfahrungen aus der Volksschulpraxis, Bern/Leipzig
- (1929): Psycho-Analysis and Leadership in Schools; Vortrag gehalten auf dem Kongreß der Internationalen Psychoanalytischen Vereinigung in Oxford 1929; in: The International Journal of Psycho-Analysis, Vol. X, London 1953
- (1936): Über eine Lücke in der psychoanalytischen Pädagogik; in: Zs. f. psa. Päd., Jg. 10, S. 337-359
- (1957): Psychoanalyse und die Entwicklung und Erziehung des Gewissens; in: Adorno, T. u.a. (Hrsg.), (1957), S. 379-400
- (1961): Horde - Bande - Gemeinschaft, (Copyright 1961), Stuttgart
- (1963 a): Bausteine zur Kinderpsychotherapie, 4. Aufl., (Copyright 1957), Stuttgart
- (1963 b): Schwierige Kinder, 5. Aufl., (Copyright 1951), Bern/Stuttgart
- (1977): Aus der Werkstatt eines Lehrers, München
- (1990): Heilende Kräfte im kindlichen Spiel, (Copyright 1952), Frankfurt/M.